Wasilij Philippov

Gründungsleitfaden für technisch qualifizierte Start-Up-Gründer im Bereich E-Business

Ein Leitfaden zur Aneignung betriebswirtschaftlicher Grundlagen für die Erstellung eines Businessplans

Diplomica Verlag GmbH

Philippov, Wasilij: Gründungsleitfaden für technisch qualifizierte Start-Up-Gründer im Bereich E-Business. Ein Leitfaden zur Aneignung betriebswirtschaftlicher Grundlagen für die Erstellung eines Businessplans, Hamburg, Diplomica Verlag GmbH 2013

Buch-ISBN: 978-3-8428-9348-1
PDF-eBook-ISBN: 978-3-8428-4348-6
Druck/Herstellung: Diplomica® Verlag GmbH, Hamburg, 2013

Bibliografische Information der Deutschen Nationalbibliothek:
Die Deutsche Nationalbibliothek verzeichnet diese Publikation in der Deutschen Nationalbibliografie; detaillierte bibliografische Daten sind im Internet über http://dnb.d-nb.de abrufbar.

Das Werk einschließlich aller seiner Teile ist urheberrechtlich geschützt. Jede Verwertung außerhalb der Grenzen des Urheberrechtsgesetzes ist ohne Zustimmung des Verlages unzulässig und strafbar. Dies gilt insbesondere für Vervielfältigungen, Übersetzungen, Mikroverfilmungen und die Einspeicherung und Bearbeitung in elektronischen Systemen.

Die Wiedergabe von Gebrauchsnamen, Handelsnamen, Warenbezeichnungen usw. in diesem Werk berechtigt auch ohne besondere Kennzeichnung nicht zu der Annahme, dass solche Namen im Sinne der Warenzeichen- und Markenschutz-Gesetzgebung als frei zu betrachten wären und daher von jedermann benutzt werden dürften.

Die Informationen in diesem Werk wurden mit Sorgfalt erarbeitet. Dennoch können Fehler nicht vollständig ausgeschlossen werden und die Diplomica Verlag GmbH, die Autoren oder Übersetzer übernehmen keine juristische Verantwortung oder irgendeine Haftung für evtl. verbliebene fehlerhafte Angaben und deren Folgen.

Alle Rechte vorbehalten

© Diplomica Verlag GmbH
Hermannstal 119k, 22119 Hamburg
http://www.diplomica-verlag.de, Hamburg 2013
Printed in Germany

Inhaltsverzeichnis

Inhaltsverzeichnis	I
Abbildungsverzeichnis	III
Tabellenverzeichnis	VII
Abkürzungsverzeichnis	VIII
1. Einleitung	1
2. Die benötigten betriebswirtschaftlichen Grundlagen zur Erstellung eines Businessplans	8
2.1. Die Grundlagen des Planungs- und Entscheidungsprozesses	14
2.1.1. Die Grundlagen des Zielbildungsprozesses und die Organisation von Zielen in einem Zielsystem	14
2.1.2. Die Grundlagen der Planung und die Unterteilung in die strategische sowie die taktische und operative Planung	32
2.1.2.1. Die strategische Planung	36
2.1.2.1.1. Die Umweltanalyse	38
2.1.2.1.1.1. Die Analyse der allgemeinen Umwelt	39
2.1.2.1.1.2. Die Analyse der engeren ökonomischen Umwelt	41
2.1.2.1.1.3. Die Konkurrenzanalyse	45
2.1.2.1.2. Die Unternehmensanalyse	47
2.1.2.1.3. Die strategischen Optionen	53
2.1.2.2. Die operative und taktische Planung	63
2.1.3. Die Entscheidungsfindung bei den strategischen und den operativen Maßnahmen	74
2.2. Die Grundlagen der Unternehmensorganisation und der Personalplanung	77
2.2.1. Die Grundlagen der Unternehmensorganisation	78
2.2.2. Die Personalbedarfsplanung	86

2.3.	Die Marketinggrundlagen	92
3.	Der Leverage-Effekt und die neuartige Finanzierungsform „Crowdinvesting"	105
4.	Schluss	113
Anhang		116
Glossar		127
Literaturverzeichnis		132

Abbildungsverzeichnis

Abbildung 1: Unternehmensinterne Probleme, Quelle: Engeln, J. et al. (2010, S. 51).

Abbildung 2: Versionen des ökonomischen Prinzips (Wirtschaftlichkeitsprinzip), Quelle: Wöhe/Döring (2010, S. 34).

Abbildung 3: Output, Input; Ertrag, Aufwand und Erfolg, Quelle: Wöhe/Döring (2010, S. 34).

Abbildung 4: Betrieblicher Umsatzprozess, Quelle: Vgl. Wöhe/Döring (2010, S. 28) und Jung (2010, S 8).

Abbildung 5: Managementprozess, Quelle: in Anlehnung an Wöhe/Döring (2010, S. 48) sowie Jung (2010, S. 173).

Abbildung 6: Zusammenhang Formal- und Sachziel, Quelle: Thommen/Achleitner (2009, S. 121).

Abbildung 7: Der Zielbildungsprozess, Quelle: Eigene Darstellung; Prozessschritte entnommen aus Schierenbeck (2003, S. 90ff).

Abbildung 8: Mögliche Perspektiven auf ein Unternehmen innerhalb der Balanced Scorecard, Vgl. Friedag/Schmidt (2000, S. 29).

Abbildung 9: Dreidimensionalität der Kennzahlen einer Balanced Scorecard, Quelle: Friedag/Schmidt (2000, S. 43).

Abbildung 10: Die Kausalkette der Kundenperspektive, Quelle: Kaplan/Norton (1997, S. 66).

Abbildung 11: Frühindikatoren für die Kundenperspektive, Quelle: Friedag/Schmidt (2000, S. 122).

Abbildung 12: Die interne Prozessperspektive - das generische Wertkettenmodell, Quelle: Kaplan/Norton (1997, S. 93).

Abbildung 13: Indikatoren der Geschäftsprozessperspektive, Quelle: Friedag/Schmidt (2000, S. 140).

Abbildung 14: Kennzahlen der Mitarbeiterperspektive, Quelle: Friedag/Schmidt (2000, S. 166).

Abbildung 15: Das System der Unternehmensplanung und Kontrolle, Quelle: Vgl. Ulrich/Fluri (1995, S. 111).

Abbildung 16: Konzeption der Umweltanalyse, Quelle: in Anlehnung an Welge/Al-Laham (2003, S. 189), Ulrich/Fluri (1995, S. 117) und Steinmann/Schreyögg (2005, S. 177).

Abbildung 17: Segmente der allgemeinen Umwelt und deren Einflussfaktoren, Quelle: eigene Darstellung; Daten entnommen aus Welge/Al-Laham (2003, S. 190ff.) und Macharzina/Wolf (2010, S. 303).

Abbildung 18: Issue Impact-Matrix, Quelle: Welge/Al-Laham (2003, S. 196).

Abbildung 19: Die Wirkkräfte des relevanten Marktes, Quelle: in Anlehnung an Welge/Al-Laham (2003, S. 189), Ulrich/Fluri (1995, S. 117) und Steinmann/Schreyögg (2005, S. 191ff.).

Abbildung 20: Die Elemente einer Konkurrenzanalyse, Quelle: Porter (1999, S. 80).

Abbildung 21: Aufbau der Unternehmensanalyse, Quelle: in Anlehnung an Steinmann/Schreyögg (2005, S. 205).

Abbildung 22: Klassifikation von unternehmensspezifischen Ressourcen, Quelle: Vgl. Welge/Al-Laham (2003, S. 261).

Abbildung 23: Kompetenz-Produkt-Matrix, Quelle: Hamel/Prahalad 1997, S. 341).

Abbildung 24: Prozess des Kernkompetenz-Managements, Quelle: Krüger (1997, S. 93).

Abbildung 25: Die Produkt-Markt-Matrix, Quelle: Welge/Al-Laham (2003, S. 443) nach Ansoff (1988, S. 109).

Abbildung 26: GAP-Analyse in Verbindung mit der Ansoff Matrix, Quelle: in Anlehnung an Bea/Haas (2005, S. 167).

Abbildung 27: Kostentreiber bei einem Hersteller langlebiger Konsumgüter, Quelle: Welge/Al-Laham (2003, S. 388) nach Porter (2003, S.120).

Abbildung 28: Unelastische Nachfrage und Preisabsatzfunktion mit monopolistischem Bereich, Quelle: in Anlehnung an Bea/Haas (2005, S. 186).

Abbildung 29: Der strategische Würfel, Quelle: Vgl. Steinmann/Schreyögg (2005, S. 234).

Abbildung 30: SWOT-Analyse, Quelle: Vgl. Macharzina/Wolf (2010, 343).

Abbildung 31: Funktionsbereichsbezogene Schwerpunkte in Abhängigkeit zur Lebenszyklusphase; Quelle: in Anlehnung an Welge/Al-Laham (2003, S. 241).

Abbildung 32: Begriffe des Rechnungswesen, Quelle: eigene Darstellung, Daten entnommen aus Olfert (2010, S. 33ff.).

Abbildung 33: Grundaufbau einer Bilanz, Quelle: Vgl. Schierenbeck (2003, S. 519).

Abbildung 34: Zusammenhang bzw. zwischen Aufwand und Kosten, Quelle: Vgl. Olfert (2010, S. 35ff. und 106).

Abbildung 35: Informationsstand und Entscheidungssituation, Quelle: Wöhe/Döring (2010, S. 93).

Abbildung 36: Entscheidungsmatrix inkl. Erwartungswert µ und Standardabweichung σ, Quelle: Vgl. Wöhe/Döring (2010, S. 95).

Abbildung 37: Modell organisatorischer Gestaltung, Quelle: Bleicher (1991, S. 49).

Abbildung 38: Personalbedarfsplanung, Quelle: in Anlehnung an Bröckermann (2007, S. 41) sowie Jung (2011, S. 117ff.).

Abbildung 39: Der wertschaffende Geschäftsprozess, Quelle: Vgl. Kotler/Bliemel (2006, S. 6).

Abbildung 40: Einfaches Marktsystem; Quelle: Vgl. Kotler/Bliemel (2006, S. 20).

Abbildung 41: Aufgaben des Marketing als Managementprozess, Quelle: Vgl. Meffert et al. (2012, S. 20) sowie Scharf et al. (2009, S. 30).

Abbildung 42: Wichtige Zielgrößen im Marketing, Quelle: Scharf et al. (2009, S. 185).

Abbildung 43: Kriterien der Marktsegmentierung, Quelle: Scharf et al. (2009, S. 213).

Abbildung 44: Der Zusammenhang zwischen Eigenkapitalrentabilität und Verschuldungsgrad, Quelle: eigene Darstellung, Daten entnommen aus Perridon/Steiner (1999, S. 474).

Abbildung 45: Die Leverage-Chance bzw. das Leverage-Risiko, Quelle: Vgl. Perridon/Steiner (1999, S. 478).

Abbildung 46: Das System des Crowdfunding, Quelle: eigene Darstellung.

Abbildung 47: Das Crowdinvesting-System, Quelle: eigene Darstellung.

Abbildung 48: Das System der betrieblichen Produktionsfaktoren, Quelle: Jung (2010, S. 9)

Abbildung 49: Unterscheidung zwischen quantitativen und qualitativen Zielen, eigene Darstellung.

Abbildung 50: Zielbeziehungen, Quelle: Wöhe/Döring (2010, S. 74).

Abbildung 51: Planungszentralisation und -dezentralisation, Quelle: eigene Darstellung.

Abbildung 52: Möglicher Zeitlicher Ablauf der Planung in einem Planjahr, Quelle: Vgl. Hammer (1998, S. 71).

Abbildung 53: Unterschied zwischen rollender Planung und Blockplanung, Quelle: Thommen (2009, S. 957).

Abbildung 54: Der Zusammenhang zwischen der allgemeinen und engeren Umwelt sowie deren Wirkungen auf die Attraktivität des Geschäftsfeldes, Quelle: Vgl. Steinmann/Schreyögg (2005, S. 191).

Abbildung 55: Einschätzung der Wettbewerbskräfte zum Gründungs- und Erhebungszeitpunkt durch die Gewinner(-teams) des BPW Berlin-Brandenburg 96 – 04, Quelle: Ripsas, S. et al. (2008, S. 15).

Abbildung 56: Chancen-/Risiko-Profil der Umweltanalyse, Quelle: Vgl. Welge/Al-Laham (2003, S.234).

Abbildung 57: Beispielhafte Erstellung des Stärken-/Schwächen-Profils, Quelle: Welge/Al-Laham (2003, S. 290).

Abbildung 58: BMW AG -TOWS-Analyse, Quelle: Macharzina/Wolf (2010, S. 345).

Abbildung 59: Das FBE-System, Quelle: Vgl. Schierenbeck (2003, S. 510) nach Chmielewicz (1982, S. 21ff.).

Abbildung 60: Mögliche Darstellungen eines Organigramms, Quelle: eigene Darstellung.

Abbildung 61: Die Rolle des Marketings - Kunde im Mittelpunkt und Marketing als integrative Kraft, Quelle: Vgl. Kotler/Bliemel (2006, S. 43).

Tabellenverzeichnis

Tabelle 1: Messung/Bewertung strategischer finanzwirtschaftlicher Themen, Quelle: Kaplan/Norton (1997, S. 50).

Tabelle 2: Unterscheidung zwischen strategischer, taktischer und operativer Planung, Quelle: Vgl. Wöhe/Döring (2010, S. 79) und Thommen/Achleitner (2009, S. 956).

Tabelle 3: Bestimmungsmerkmale von Aufgaben, Quelle: Schulte-Zurhausen (2010, S. 42).

Tabelle 4: Durchführungs- und Leitungskompetenzen, Quelle: Schulte-Zurhausen (2010, S. 164).

Tabelle 5: Stellenarten, Quelle: Schulte-Zurhausen (2010, S. 172).

Tabelle 6: Beispiel regionales Kreditinstitut, Quelle: Friedag/Schmidt (2000, 249f.).

Tabelle 7: Beispiel eines Aufgabengliederungsplans, Quelle: Schulte-Zurhausen (2010, S. 41).

Tabelle 8: Stellenbeschreibung, Quelle: Bröckermann (2007, S. 55) nach Mentzel (2001, S. 40f.).

Tabelle 9: Anforderungsprofil mit der Skala: - -, -, +/-, +, + +, Quelle: Bröckermann (2007, S. 59) nach Mentzel (2001, S. 53).

Tabelle 10: Nutzenbasierte Zielgruppen im Markt für schienenbezogene Fernverkehrsreisen, Quelle: Meffert, et al. (2012, S. 210).

Tabelle 11: Beurteilung der Kriterien zur Marktsegmentierung, Quelle: Scharf et al. (2009, S. 216).

Abkürzungsverzeichnis

B2B	Business to Business
B2C	Business to Consumer
BCG	Boston Consulting Group
BIP	Bruttoinlandsprodukt
BMWi	Bundesministerim für Wirtschaft und Technologie
BSC	Balanced Scorecard
EVA	Economic Value Added
F&E	Forschung und Entwicklung
KMU	Klein- und mittelständische Unternehmen
NOA	Net Operating Assets
NOPAT	Net operating Profit after Taxes
P&B	Produktion und Beschaffung
PESTEL	Ist ein Akronym für political, economic, social, technological, environmental und legal.
PR-Kampagne	Public-Relations-Kampagne
ROCE	Return on Capital Employed
SWOT	SWOT ist ein Akronym für Strengths, Weaknesses, Opportunities und Threats.
WACC	Weighted Average Cost of Capital

1. Einleitung

Das Bundesministerium für Wirtschaft und Technologie (BMWi) hat im Jahre 2010 die Initiative „Gründerland Deutschland" ins Leben gerufen. Das Ministerium verfolgt mit der Initiative u.a. die Ziele „Entwicklung einer neuen Gründungskultur"[1] und „zielgerichtete Unterstützung von innovativen Gründungen"[2], da Europa in den Zukunftsbranchen Informationstechnik und Internet den Anschluss an Amerika und Asien verloren hat. Dies sieht man einerseits an den Produktverkäufen von Handys, Tabletcomputern oder Fernsehern. Diese kommen meist aus Amerika und Asien. Andererseits sieht es beim Geschäft rund ums Internet ähnlich aus. Europa erzielt hierbei nur zehn Prozent des Weltmarktumsatzes und nur fünf Prozent des Gewinns. Deutschland hat nicht dieselbe Kultur, die die Risikoleistung fördert, wie die USA.[3] Daher soll die Initiative des BMWi die Gründungskultur bzw. das Unternehmertum in Deutschland stärken, um durch Innovationen den Wettbewerb anzukurbeln und dadurch eine positive wirtschaftliche Entwicklung für Deutschland zu erreichen.[4] Denn Innovationen basieren auf Wissen und Innovationen werden für den technischen Fortschritt benötigt, welcher wiederum den Wohlstand einer Ökonomie steigert. Dabei fungiert der Unternehmer als ein Bindeglied zwischen der Innovation und dem wirtschaftlichem Wachstum, indem er seine Idee bzw. sein Wissen in ein Geschäftsmodell umsetzt. Die Großunternehmen sind oft träge und selbstgefällig. Sie setzen neue Produkte nicht um, weil sie befürchten diese könnten ihre aktuellen Produkte bzw. Geschäftsmodelle vom Markt verdrängen (Kannibalisierung) oder sehen nicht die Potenziale, welche durch die Einführung neuer Produkte entstehen könnten. Junge Unternehmen sind flexibler, da Sie sich keiner Bereichs- oder Unternehmensstrategie fügen und in kein Produktportfolio passen müssen. Sie verfolgen vielmehr ihre eigene Unternehmensstrategie und

---

[1] Bundesministerium für Wirtschaft und Technologie (Hrsg.): BMWi - Gründerland Deutschland, Online im Internet: http://www.bmwi.de/BMWi/Navigation/Mittelstand/gruenderland-deutschland,did=444032.html, [2012-05-24].
[2] Bundesministerium für Wirtschaft und Technologie (Hrsg.): BMWi - Gründerland Deutschland, Online im Internet: http://www.bmwi.de/BMWi/Navigation/Mittelstand/gruenderland-deutschland,did=444032.html, [2012-05-24].
[3] Vgl. Schmidt, H. [2012]: Es ist verdammt ernst, in: Focus, 16.04.2012, Heft: 16/12, S. 184-185.
[4] Vgl. Bundesministerium für Wirtschaft und Technologie (Hrsg.): BMWi – Existenzgründung – Ziele der Gründungsförderung, Online im Internet: http://www.bmwi.de/BMWi/Navigation/Mittelstand/existenzgruendung.html, [2012-05-24].

sind deshalb schneller mit einem Produkt am Markt. Jedoch sind es meist die Großunternehmen, die durch ihre Skalenvorteile eine Innovation bzw. ein Produkt zur Reife führen.[5] Daher werden oft erfolgreiche junge Unternehmen im Bereich E-Business verkauft, gehen an die Börse oder schließen eine strategische Partnerschaft ab, wenn Sie an ihre Grenzen stoßen.

Viele Web- und High-Tech-Gründer lassen sich in Deutschlands Hauptstadt nieder. Sie profitieren in der Region von den niedrigen Mieten und Gehältern im Vergleich zu anderen Web-Metropolen und vor allem von den „Internet-Fabriken" wie z.B. Team Europe Ventures oder Rocket Internet, die als sogenannte Inkubatoren fungieren.[6] Jedoch haben sich Inkubatoren nicht nur in Berlin angesiedelt. Weitere bedeutende privatwirtschaftliche Inkubatoren in Deutschland sind z.B. der Inkubator „hub:raum" der Deutschen Telekom AG mit Sitz in Berlin, die Hanse Ventures mit Sitz in Hamburg, die Betafabrik GmbH aus Köln etc.[7] Neben den privatwirtschaftlichen Inkubatoren gibt es auch zahlreiche staatliche Inkubatoren, welche allerdings als Innovations-, Technologie oder Gründerzentren bezeichnet werden. Allerdings erfüllen nicht alle Zentren auch die Anforderungen eines Inkubators.[8] Ein Großteil hat sich im ADT – Bundesverband Deutscher Innovations-, Technologie- und Gründerzentren e.V. zusammengeschlossen.[9] Weiterhin wären als staatliche Inkubatoren noch die Hochschulinkubatoren zu nennen. Diese sind meistens in der Nähe einer Hochschule bzw. Universität angesiedelt und fördern die Studenten, die Absolventen

---

[5] Vgl. Meyer, T.: Mutige neue Firmen, in Deutsche Bank Research, 17.12.2009, S. 4, Online im Internet: http://www.dbresearch.de/PROD/DBR_INTERNET_DE-PROD/PROD0000000000251927.pdf, [2012-05-24].

[6] Vgl. Hirzel, J., et al. [2012]: Das neue Hauptstadt-Gefühl, in: Focus, 18.02.2012, Heft: 08/12, S. 102-107.

[7] Vgl. Ohrmann, T.: Inkubatoren in Deutschland, 10.03.2011, Online im Internet: http://www.gruenderszene.de/finanzen/inkubatoren-deutschland, [2012-05-24].

[8] Vgl. Bundesministerium für Wirtschaft und Technologie (Hrsg.): Gründerraum und Inkubator – Was kommt heraus?, S. 7, Online im Internet: http://www.exist.de/imperia/md/content/exist-news/8_exist-news.pdf, [2012-05-24].

[9] Auskunft über die einzelnen Gründerzentren des Vereins findet man im Internet unter: http://www.adt-online.de/standorte.html.

und die Mitarbeiter ihrer Hochschule bzw. Universität bei der Gründung eines Unternehmens.[10]

Alle drei Inkubationsformen verfolgen unterschiedliche Ziele. Die meisten privatwirtschaftlichen Inkubatoren fungieren eher als Investoren. Durch die Unterstützung ihrer „Schützlinge" wollen sie ihr Investmentziel, den sogenannten „Exit"[11], erreichen, um einen Mehrwert zwischen Beteiligungsinvestition zu Anfang der Investitionsphase und dem Verkauf zu erzielen.[12] Dabei bieten die Inkubatoren den Gründern Beratung und Coaching, stellen Infrastruktur (wie z.B. Büro- und Veranstaltungsräume, einen Fax-, Telefon- oder Internetanschluss etc.) zur Vorfügung, übernehmen administrative Aufgaben oder bieten Ihnen den Zugang zu ihrem eigenen Kontaktnetzwerk als Unterstützungsmaßnahmen an. Ähnliche Aufgaben übernehmen Business Angels und in seltenen Fällen auch Venture Capital Gesellschaften (VC´s). Durch Beratung und Coaching sowie durch Zurverfügungstellung von Kapital und Kontakten aus ihrem Netzwerk wollen diese das (ins Unternehmen) investierte Kapital vermehren. In seltenen Fällen werden die jungen Unternehmen durch Business Angels oder VC´s in der Pre-Seed-Phase bzw. frühen Seed-Phase unterstützt. Im Gegensatz dazu verfolgen Innovations-, Technologie- und Gründerzentren gemeinnützige Ziele. Diese sind:

- Existenz-/Unternehmensgründungen fördern,
- junge Unternehmen während der Planungs-, Gründungsphase und dem Aufbau des Unternehmens unterstützen,
- die Wachstumschance der Unternehmen verbessern,
- die Überlebensrate des Unternehmens steigern und

---

[10] Vgl. Tönnesmann, J. [2011]: Gewächshäuser für Gründer, 19.02.2011, Online im Internet: http://blog.wiwo.de/gruenderraum/2011/02/19/inkubatoren/, [2012-05-24].
[11] Der „Exit" wird hierbei als Unternehmens- bzw. Geschäftsanteilverkauf an einen industriellen Investor oder einen anderen Finanzinvestor bzw. als Börsengang verstanden. Vgl. Weitnauer, W.: Exit, in Weitnauer, W. (Hrsg.), [2011]: Handbuch Venture Capital – Von der Innovation zum Börsengang, 4. Auflage, München, S. 457f.
[12] Vgl. Weitnauer, W.: Inkubatoren, in Weitnauer, W. (Hrsg.), [2011]: Handbuch Venture Capital – Von der Innovation zum Börsengang, 4. Auflage, München, S. 206ff.

- qualifizierte Arbeitskräfte an die jeweilige Region binden und qualitativ hochwertige Arbeitsplätze schaffen.[13]

Dadurch erhoffen sich die Gemeinden in der Zukunft zusätzliche Steuereinnahmen. Hochschulinkubatoren verfolgen ähnliche Ziele wie die Innovations-, Technologie- und Gründerzentren, wobei von den Hochschulinkubatoren nur besondere Personengruppen gefördert werden. Diese sind Professoren, wissenschaftliche Mitarbeiter, Studenten und Absolventen.[14]

Dieses Buch soll in der Pre-Seed-Phase ansetzen und den Gründern mit einer technischen Qualifikation bzw. ohne eine kaufmännische Qualifikation dabei helfen, grundlegende betriebswirtschaftliche Kenntnisse zu erwerben. Das Ziel ist, dass sich die Gründer mit ihrer Gründungsidee, den Realisierungsmöglichkeiten, der Vermarktung und Finanzierung ausgiebig befassen und unter Zuhilfenahme der angeeigneten betriebswirtschaftlichen Kenntnisse in der Lage sind, einen ersten Entwurf eines eigenen Businessplans zu erstellen. Dieser kann als Diskussionsgrundlage für die Gespräche mit einem Mentor bzw. Coach eines Inkubators/Gründerzentrums oder zur Verwendung in einem Business-Plan-Wettbewerb genutzt werden (z.B. der Business-Plan-Wettbewerb Berlin-Brandenburg oder der NUK-Businessplan-Wettbewerb).

Im März 2010 haben das Zentrum für Europäische Wirtschaftsforschung, das Zentrum für Insolvenz und Sanierung an der Universität Mannheim und die Creditreform im Auftrag des Bundesministeriums für Wirtschaft und Technologie die „Ursachen für das Scheitern junger Unternehmen in den ersten fünf Jahren ihres Bestehens" analysiert. Es wurden 3.000 Unternehmer per Telefoninterview und vier Unternehmer per Einzelinterview als vertiefende Fallstudien sowie zwei Fokusgruppen als unternehmensexterne Experten über die Ursachen von

---

[13] Vgl. Wikipedia, Die freie Enzyklopädie: Gründerzentrum, 02.05.2012, Online im Internet: http://de.wikipedia.org/w/index.php?title=Gr%C3%BCnderzentrum&oldid=102745603, [2012-05-25].
[14] Vgl. Bundesministerium für Wirtschaft und Technologie (Hrsg.): Gründerraum und Inkubator – Was kommt heraus?, S. 6, Online im Internet: http://www.exist.de/imperia/md/content/exist-news/8_exist-news.pdf, [2012-05-25].

Schließungen befragt. Die zwei Fokusgruppen bestanden aus jeweils 11 Insolvenzverwaltern und 11 Sanierungsberatern. Als Kernelemente wurden Probleme auf den Absatz- und Faktormärkten, die unternehmerischen Entscheidungen, die Probleme in der Geschäftsführung, die Finanzierungsprobleme und die persönlichen Gründe als Ursachen für das Scheitern junger Unternehmen untersucht. Die Probleme in der Geschäftsführung, welche vor allem durch die Uneinigkeit in der Geschäftsführung,[15] die persönlichen Gründe und die Probleme auf den Absatz- und Faktormärkten als externe Einflussfaktoren sollen in diesem Buch als Ursache für das Scheitern eines Unternehmens nicht weiter beachtet werden. Die Abbildung 1 zeigt auf, welche Gründe die Unternehmer als Ursache für das Scheitern ihrer wirtschaftlichen Existenz genannt haben. In der Studie wurde zwischen den strategischen, den unternehmensinternen Gründen sowie den Kenntnissen und Fähigkeiten unterschieden. Da die Fähigkeiten und Kenntnisse, mangelnde Marketing- und Marktkenntnisse sowie organisatorische Kenntnisse mit je über 20 %, unzureichende Controlling-Kenntnissen mit über 30 % und unzureichende Kenntnissen in der Personalführung mit 13 %, von den Gründern in einem nicht unerheblichem Maße für das Scheitern ihrer Existenz genannt wurden, sollen zukünftige Gründer in diesem Buch schwerpunktmäßig mit den Grundalgen:

- des **Zielsetzung-, des Planungs- und des Entscheidungsprozesses**,
- der **Unternehmensorganisation**,
- der **Personalwirtschaft** und
- des **Marketings** vertraut gemacht werden.

Auf die Kenntnisse des Rechnungswesens soll in diesem Buch nicht detailliert eingegangen werden. Daher werden im Kapitel 2.1.2.2 („Die operative und taktische Planung") nur kurz die Grundlagen des Rechnungswesens erklärt.

---

[15] Vgl. Egeln, J. et al.[2010]: Ursachen für das Scheitern junger Unternehmen in den ersten fünf Jahren ihres Bestehens, S. 56, Online im Internet:
http://www.existenzgruender.de/publikationen/studien/07604/index.php, [2012-05-25].

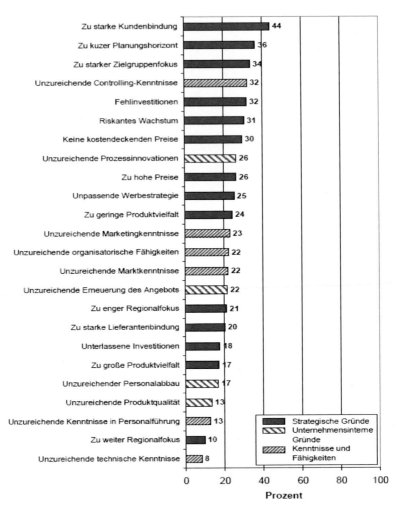

Abbildung 1: Unternehmensinterne Probleme, Quelle: Engeln, J. et al. (2010, S. 51).

Weiterhin sind Finanzierungsprobleme ein wesentlicher Grund beim Scheitern junger Unternehmen.[16] Die Finanzierungsprobleme resultieren nicht aus dem Mangel an Kenntnissen und Fähigkeiten der Gründer, sondern aus dem Mangel an finanzieller Substanz der Unternehmen (fehlende Rücklagen, zunehmende Verschuldung, Kreditablehnungen, Mangel an Beteiligungskapital und Kreditkündigungen). Daher soll im Kapitel 0 kurz auf den Leverage-Effekt und eine neue Art zur Eigenkapitalaufnahme dem sogenannten „Crowdinvesting" eingegangen werden. Zum Schluss dürfen auch **wirtschaftsrechtliche Grundlagen** nicht fehlen. Da von Osborne Clarke einer Steuerberater- und Rechtsanwalts-

---

[16] Vgl. Egeln, J. et al.[2010]: Ursachen für das Scheitern junger Unternehmen in den ersten fünf Jahren ihres Bestehens, S. 58 ff., Online im Internet:
http://www.existenzgruender.de/publikationen/studien/07604/index.php, [2012-05-25].

kanzlei aus Köln ein rechtlicher Leitfaden für Unternehmensgründer[17] kostenlos auf der Internetseite von Osborne Clarke zur Verfügung gestellt, soll in diesem Buch nicht mehr auf die wirtschaftsrechtlichen Grundlagen eingegangen werden. Das E-Book beschäftigt sich unter anderem mit der Wahl der „richtigen" Gesellschaftsform, der Besteuerung der Gesellschaft und der Gesellschafter, dem Arbeitsrecht, den rechtlichen Verfügungsrechten (Urheberrecht für Software und Schutz von Marken), dem Wettbewerbsverbot, den Allgemeinen Geschäftsbedingungen, dem Datenschutz, den besonderen rechtlichen Anforderungen beim E-Commerce und den insolvenzrechtlichen Fragen. Zur Aneignung der wirtschaftsrechtlichen Grundalgen wird dem Leser daher empfohlen, neben diesem Buch das E-Book von Osborne Clarke durchzuarbeiten.

---

[17] Link zum Download des E-Books: http://www.osborneclarke.de/media/sectors/digital-business/getting-started-kostenloses-e-book-fuer-existenzgruender.aspx.

2. Die benötigten betriebswirtschaftlichen Grundlagen zur Erstellung eines Businessplans

„Ausgangspunkt des wirtschaftlichen Handelns sind die **Bedürfnisse** des Menschen."[18] Erst dadurch, dass Menschen ihre materillen Bedürfnisse durch eine Nachfrage nach Gütern und Dienstleistungen äußern, können die Unternehmen darauf reagieren und durch ihr Angebot die Nachfrage decken.[19] Es wird zwischen drei Bedürfnisarten unterschieden.

- **Existenzbedürfnisse** (wie z.B. Nahrung, Wohnung, etc.), welche zur Erhaltung des Lebens notwendig sind.
- **Grundbedürfnisse** (wie z.B. Fernsehen, Internet, Kühlschrank, etc.): Diese entstehen aus dem jeweiligen Lebensstandard oder der sozialen und kulturellen Umgebung eines Einzelnen.
- Alle darüber hinaus geäußerten Bedürfnisse werden als **Luxusbedürfnisse** (wie z.B. Schmuck, Genussmittel, etc.) angesehen. Diese Bedürfnisse gelten als verzichtbar.

Die drei Bedürfnisarten können nicht eindeutig voneinander abgegrenzt werden, weil die Abgrenzung dabei von den individuellen Wertvorstellungen und den gesellschaftlichen Normen abhängt. Des Weiteren kann zwischen bewusst empfundenen (offenen) und noch nicht bewussten (latenten) Bedürfnissen unterschieden werden. Die latenten Bedürfnisse werden erst durch einen auslösenden Reiz (z.B. Werbung) als reale Bedürfnisse wahrgenommen. Zuletzt können die Bedürfnisse auch nach individuellen und kollektiven Bedürfnissen unterschieden werden. Jedoch wird ein Bedürfnis erst durch den unterstützenden Tatbestand der Kaufkraft zum Bedarf und somit zu einer Nachfrage nach einem Gut oder einer Dienstleistung.[20] Die Unternehmen fungieren in einem marktwirtschaftlichen System als planvoll organisierte Wirtschaftseinheiten, welche Produktionsfaktoren zur Erstellung von Gütern und Dienstleistungen kombinieren, um damit der Nachfrage ein entsprechendes Angebot gegenüber-

---

[18] Jung, H. [2010]: Allgemeine Betriebswirtschaftslehre, 12. Auflage, München, S. 2f.
[19] Vgl. Wöhe, G./Döring, U. [2010]: Einführung in die allgemeine Betriebswirtschaftslehre, 24. Auflage, München, S. 27.
[20] Vgl. Jung, H. [2010]: Allgemeine Betriebswirtschaftslehre, 12. Auflage, München, S. 2f.

zustellen.[21] Die Betriebswirtschaftslehre untersucht das unternehmerische Handeln im Hinblick auf den Entscheidungsprozess einer Unternehmung, welche im marktwirtschaftlichen Wettbewerb steht.[22] Die unternehmerischen Entscheidungen unterliegen dabei den ökonomischen Prinzipien, welche auch als die Wirtschaftlichkeitsprinzipien bezeichnet werden (siehe Abbildung 2).[23]

Maximumprinzip: Bei einem gegebenen Faktoreinsatz (Input; Aufwand) ist eine größtmögliche Gütermenge (Output; Ertrag) zu erwirtschaften.
Minimumprinzip: Eine gegebene Gütermenge (Output; Ertrag) ist mit einem geringstmöglichem Faktoreinsatz (Input; Aufwand) zu erwirtschaften.
Optimumprinzip: Es ist ein möglichst günstiges Verhältnis zwischen Gütermenge (Output; Ertrag) und Faktoreinsatz (Input; Aufwand) zu erwirtschaften.

Abbildung 2: Versionen des ökonomischen Prinzips (Wirtschaftlichkeitsprinzip), Quelle: Wöhe/Döring (2010, S. 34).

Den prinzipiell unbegrenzten menschlichen Bedürfnissen stehen aber nur begrenzte Möglichkeiten der Unternehmen zur Bedürfnisbefriedigung gegenüber. Daraus resultiert der Tatbestand der Güterknappheit, aus welchem sich zugleich die Notwendigkeit des Wirtschaftens ergibt.[24] Innerhalb des Transformationsprozesses werden die Inputfaktoren (Produktionsfaktoren) wie z.B. die Arbeitsleistungen, die Maschinen, die Rohstoffe, die Waren, die Finanzmittel, die Informationen usw. kombiniert, um einen Output zu generieren. Output kann dabei ein immaterielles oder materielles Gut wie z.B. ein Konsum- bzw. Produktionsgut, eine Dienstleistung oder eine Information sein. Multipliziert man den Input mit Faktorpreisen erhält man den Aufwand. Auf der anderen Seite erhält man den Ertrag, wenn man den Output mit den Güterpreisen multipliziert. Die

---

[21] Vgl. Wöhe, G./Döring, U. [2010]: Einführung in die allgemeine Betriebswirtschaftslehre, 24. Auflage, München, S. 27.
[22] Vgl. Wöhe, G./Döring, U. [2010]: Einführung in die allgemeine Betriebswirtschaftslehre, 24. Auflage, München, S. 27.
[23] Vgl. Wöhe, G./Döring, U. [2010]: Einführung in die allgemeine Betriebswirtschaftslehre, 24. Auflage, München, S. 34.
[24] Vgl. Schierenbeck, H. [2003]: Grundzüge der Betriebswirtschaftslehre, 16. Auflage, München, S. 1f.

Differenz zwischen dem Ertrag und dem Aufwand stellt den Erfolg dar (siehe Abbildung 3).[25]

Output(-menge)	x	Güterpreis	= **Ertrag**	Ertrag
Input(-menge)	x	Faktorpreis	= **Aufwand**	- Aufwand
				Erfolg

Abbildung 3:Output, Input; Ertrag, Aufwand und Erfolg, Quelle: Wöhe/Döring (2010, S. 34).

Aus dem Optimumprinzip kann die langfristige Gewinnmaximierung als oberstes Formalziel der traditionellen Betriebswirtschaftslehre abgeleitet werden.[26] Da die Annahme vollkommener Märkte fiktiv ist, die unternehmerischen Entscheidungen auf unsicheren Erwartungen beruhen und der Entscheidungsprozess meist den Charakter eines Kompromisses mehrerer Personen aufzeigt, sollte die Gewinnmaximierungshypothese unter Nebenbedingungen (begrenzte Gewinnerzielung) angewendet werden. Hierbei wird das Hauptziel der Gewinnerzielung in ein Zielsystem eingegrenzt, welches durch Nebenbedingungen begrenzt wird. Nebenbedingungen können in Minimal- und Maximalziele eingeteilt werden. Außerdem können die Nebenbedingungen in außerökonomische (Maximalziele wie z.B. max. Macht, Prestige oder Minimalziele wie z.B. Ehrlichkeit, Fairness) oder ökonomische Nebenbedingungen eingeteilt werden. Die ökonomischen Nebenbedingungen wären:

- die Umsatzmaximierung, die Marktanteilsmaximierung, die maximale Kapazitätsausnutzung, das maximale Wachstum usw. **(Maximalziele)** und
- die Wahrung des ständigen finanziellen Gleichgewichts, die Marktanteilserhaltung, die Erhaltung des guten Rufes der Unternehmung bzw. des Markennamens, die Sicherung einer Mindesteigenkapitalrendite oder Mindestwachstumsrate, die Wahrung der Mitarbeiterzufriedenheit usw. **(Minimalziele)**.[27]

Die Verflechtung der Unternehmung mit der Umwelt lässt sich vereinfacht anhand des betrieblichen Umsatzprozesses darstellen (siehe Abbildung 4). Die

---

[25] Vgl. Wöhe, G./Döring, U. [2010]: Einführung in die allgemeine Betriebswirtschaftslehre, 24. Auflage, München, S. 33.
[26] Vgl. Wöhe, G./Döring, U. [2010]: Einführung in die allgemeine Betriebswirtschaftslehre, 24. Auflage, München, S. 34.
[27] . Jung, H. [2010]: Allgemeine Betriebswirtschaftslehre, 12. Auflage, München, S. 38f.

Verknüpfungen mit dem Kapitalmarkt/Staat, dem Beschaffungs- und dem Absatzmarkt stellen die Grundstruktur der außerbetrieblichen Leistungsbeziehungen bzw. das Umsystem der Unternehmung dar. Im innerbetrieblichen Leistungsprozess müssen zunächst die Produktionsfaktoren (Arbeitsleistung, Betriebsmittel, Werkstoffe) auf den einzelnen Beschaffungsmärkten besorgt werden. Hierfür werden finanzielle Mittel benötigt, die am Kapitalmarkt (Eigen- bzw. Fremdkapital) oder vom Staat (z.B. Subventionen) beschafft werden (Außenfinanzierung). Im vereinfachten Produktionsprozess wird durch Kombination der Produktionsfaktoren die Leistung (Produkt/Dienstleistung) erstellt. Diese gilt es im Nachhinein am Absatzmarkt zu vertreiben. Die Einzahlungen daraus können wiederum für die Beschaffung von neuen Produktionsfaktoren verwendet werden (Innenfinanzierung).[28]

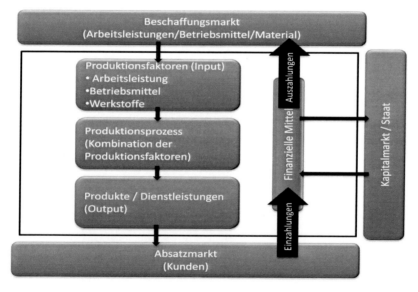

Abbildung 4: Betrieblicher Umsatzprozess, Quelle: Vgl. Wöhe/Döring (2010, S. 28) und Jung (2010, S 8).

Die Produktionsfaktoren, die zur Erstellung des Produktes bzw. der Dienstleistung benötigt werden, unterteilen sich in die Arbeitsleistung, die Betriebsmittel und die Werkstoffe. Bei der Arbeitsleistung unterscheidet man noch einmal zwischen ausführender und leitender (dispositiver) Arbeit. Die ausführende Arbeit, die Betriebsmittel und die Werkstoffe bilden die Elementarfaktoren, welche im

---

[28] Vgl. Jung, H. [2010]: Allgemeine Betriebswirtschaftslehre, 12. Auflage, München, S. 7f und Wöhe, G./Döring, U. [2010]: Einführung in die allgemeine Betriebswirtschaftslehre, 24. Auflage, München, S. 28f.

unmittelbaren Zusammenhang zum Produktionsobjekt stehen. Die Unternehmensführung (dispositive/r Arbeit/Faktor) wird durch die Geschäfts- und Betriebsleitung ausgeführt. In Großunternehmen werden meist die Tätigkeiten der Planung und der Organisation sowie der Kontrolle von der Controllingabteilung erledigt. Da in den klein- und mittelständischen Unternehmen (KMU) und Start-Ups dafür meist keine Ressourcen vorhanden sind, obliegen diese Aufgaben oft auch der Geschäfts- und Betriebsleitung. Zur bildlichen Darstellung der Unterteilung der Produktionsfaktoren siehe Abbildung 48 im Anhang. Zusammenfassend lässt sich die Unternehmensführung, welche den Mittelpunkt des betrieblichen Geschehens bildet, in die folgenden Prozessschritte einteilen.

1. Festlegung von Unternehmenszielen,
2. Planung (Suche und Bewertung von Handlungsalternativen),
3. Entscheidung (Auswahl von Handlungsalternativen),
4. Ausführung,
    - Organisation,
    - Personalwirtschaft,
5. Kontrolle.[29]

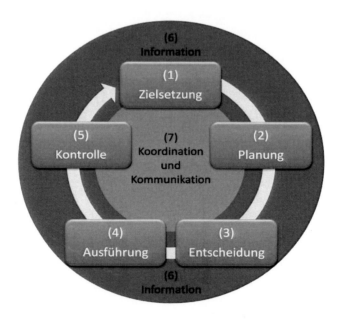

Abbildung 5: Managementprozess, Quelle: in Anlehnung an Wöhe/Döring (2010, S. 48) sowie Jung (2010, S. 173).

---

[29] Vgl. Wöhe, G./Döring, U. [2010]: Einführung in die allgemeine Betriebswirtschaftslehre, 24. Auflage, München, S. 46.

Wobei die Prozessschritte eins bis drei den Willensbildungsprozess und die Schritte vier und fünf den Willensdurchsetzungsprozess bilden. Die Prozessschritte der Unternehmensführung müssen koordiniert und kommuniziert werden. Diese Aufgabe entfällt in Großunternehmen ebenfalls auf die Controllingabteilung. Allerdings sind in den jungen Unternehmen (Start-Ups) die Ressourcen für eine Controllingabteilung gewöhnlich nicht vorhanden, weshalb diese Aufgabe wieder der Unternehmensleitung zufällt. Für die Planung und Kontrolle benötigt die Unternehmensleitung Plan- und Kontrolldaten, welche sie meist vom Rechnungswesen bezieht. Die Unternehmensleitung benötigt:

- unternehmensinterne und
- unternehmensexterne, entscheidungsrelevante Daten.[30]

Wird das Rechnungswesen an einen Steuerberater ausgelagert, dann werden unternehmensinterne Daten vom Steuerberater angefordert und für die Beschaffung der unternehmensexternen Daten ist ebenfalls die Unternehmensleitung zuständig. Verbleibt hingegen das Rechnungswesen im Unternehmen, dann sollten unternehmensinterne und unternehmensexterne Daten vom Rechnungswesen beschafft und der Unternehmensleitung zur Verfügung gestellt werden.

Dieses Buches konzentriert sich auf den Zielbildungs- und den Planungsprozess. Denn diese Bestanteile des Managementprozesses werden in einem Businessplan abgebildet. Die Leser sollen zuerst mit den Grundlagen der Zielbildung, der Planung und der Entscheidung vertraut gemacht werden. Danach sollen dem Leser nötige Grundlagen aus den Teildisziplinen der Unternehmensorganisation, der Personalwirtschaft und des Marketing vermittelt werden, welche er für die Planung seines Gründungsvorhabens und die Erstellung eines ersten Entwurfes des Businessplans benötigt.

---

[30] Vgl. Wöhe, G./Döring, U. [2010]: Einführung in die allgemeine Betriebswirtschaftslehre, 24. Auflage, München, S. 49.

2.1. Die Grundlagen des Planungs- und Entscheidungsprozesses

Im Kapitel 2.1.1 sollen zunächst die Grundlagen der Zielbildung aufgezeigt werden. In diesem Zusammenhang soll zuerst auf die Funktionen und die Dimensionen von Zielen (Zielarten) eingegangen werden. Da ein Unternehmen meistens nicht nur ein Ziel verfolgt, soll dem Leser der Zielbildungsprozess in einem Zielsystem, die Anforderungen an ein Zielsystem erläutert und die Balanced Scorecard als eine Art von Zielsystemen nähergebracht werden. Im Kapitel 2.1.2 sollen zuerst die Grundlagen der Planung erlangt werden. Im Anschluss wird detailliert auf den Planungsprozess im Rahmen der strategischen Planung eingegangen. Hierbei werden Instrumente zur Analyse der Unternehmensumwelt und des Unternehmens selbst dargelegt. Anschließend soll auf die strategischen Optionen eingegangen werden, welche sich aus den Chancen/Risiken der Unternehmensumwelt und den Stärken/Schwächen des Unternehmens ableiten lassen. Danach werden die Aufgaben der operativen und taktischen Planung veranschaulicht. Zum Schluss sollen in Kapitel 2.1.3 Techniken zur Entscheidungsfindung bei den strategischen und operativen Maßnahmen erläutert werden.

2.1.1. Die Grundlagen des Zielbildungsprozesses und die Organisation von Zielen in einem Zielsystem

Der Managementprozess beginnt mit der Zielbildung/-setzung. Die Ziele beschreiben einen erstrebten, wünschenswerten, zukünftigen Zustand eines Unternehmens und seiner Umwelt.[31] Diese stellen dabei Maßstäbe dar, an denen das zukünftige unternehmerische Handeln gemessen werden kann. Die Entscheidung, ob Handlungsalternative A oder B besser ist, hängt von

- der Zielsetzung und
- der Entscheidungssituation des Entscheiders ab.[32]

Die Ziele lassen sich durch unterschiedliche Kriterien differenzieren. Neben der Überlegung, wer die Ziele beeinflusst und vorgibt (Eigenkapitalgeber (Share-

---

[31] Vgl. Jung, H. [2010]: Allgemeine Betriebswirtschaftslehre, 12. Auflage, München, S. 173.
[32] Vgl. Wöhe, G./Döring, U. [2010]: Einführung in die allgemeine Betriebswirtschaftslehre, 24. Auflage, München, S. 69.

holder) oder Stakeholder wie z.B. das Management, die Arbeitnehmer, die Kunden, die Öffentlichkeit etc.), können die Ziele anhand weiterer Unterscheidungsmerkmale differenziert werden.[33] Die Ziele können weiterhin nach:

1. Formal-/Sachzielen,
2. begrenzten/unbegrenzten Zielen (Extremal-/Satisfizierungszielen),
3. operativen/strategischen (kurz-/langfristigen) Zielen,
4. quantitativen (Mengen- oder Geldgrößen) oder qualitativen Zielen,
5. komplementären, konkurrierenden oder indifferenten Zielen und
6. Ober-/Unterzielen sowie Haupt-/Nebenzielen unterschieden werden.

(1) Zunächst können die Ziele als **Formal- und Sachziele** voneinander abgegrenzt werden. Die Formalziele sind Erfolgsziele und messen den Erfolg eines Unternehmens. Hierbei werden als praktisch bedeutsame Bestimmungsgrößen die Erfolgsgrößen Produktivität, Wirtschaftlichkeit und Rentabilität/Gewinn angesehen. Die Sachziele dienen den Formalzielen, d.h. mit Hilfe von den Sachzielen lassen sich die Formalziele erreichen. Die Sachziele können noch einmal in die Sachzielgruppen „Leistungsziele", „Finanzziele", „Führungs- und Organisationsziele" sowie „soziale und ökologische Ziele" unterteilt werden (siehe Abbildung 6).[34]

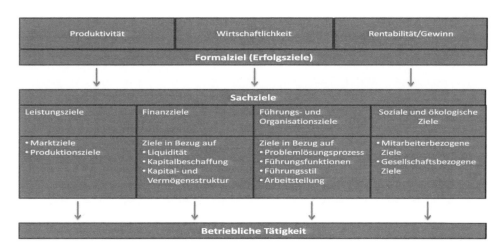

Abbildung 6: Zusammenhang Formal- und Sachziel, Quelle: Thommen/Achleitner (2009, S. 121).

---

[33] Vgl. Wöhe, G./Döring, U. [2010]: Einführung in die allgemeine Betriebswirtschaftslehre, 24. Auflage, München, S. 70ff.
[34] Vgl. Wöhe, G./Döring, U. [2010]: Einführung in die allgemeine Betriebswirtschaftslehre, 24. Auflage, München, S. 38 sowie Thommen, J.-P./Achleitner, A.-K. [2009]: Allgemeine Betriebswirtschaftslehre, 6. überarbeitete Auflage, Wiesbaden, S. 119ff.

Die Leistungsziele betreffen den innerbetrieblichen Leistungsprozess sowie die Absatzseite der außerbetrieblichen Leistungsbeziehungen (z.B. Durchlaufzeiten, Umsatzvolumen, Marktanteile etc.). Die Finanzziele betreffen den innerbetrieblichen Finanzprozess und die außerbetrieblichen Leistungsbeziehungen mit dem Kapitalmarkt bzw. Staat. Die Finanzziele nehmen Bezug auf die Liquidität, die Kapitalbeschaffung sowie die Kapital- und Vermögensstruktur des Unternehmens. Die Führungs- und Organisationsziele nehmen Bezug auf den Führungsstil, die Organisationsstruktur, die Arbeits- bzw. Aufgabenteilung eines Unternehmens oder die Art und Weise, wie es seine Probleme löst. Zu der Sachzielgruppe „soziale und ökologische Ziele" gehören mitarbeiterbezogene Ziele wie z.B. das Arbeitsklima, die Lohngerechtigkeit und die gesellschaftsbezogenen Ziele wie z.B. der Umwelt- oder Gesundheitsschutz.[35]

(2) Hinsichtlich des Zielausmaßes lassen sich Ziele nach einem **begrenztem oder unbegrenztem Zielausmaß** unterscheiden. Man spricht auch von **Extremal- oder Satisfizierungszielen**. Die Extremalziele sind z.B. „max. Gewinn", „die Besten in der Branche". Die Satisfizierungsziele hingegen begrenzen das Ziel auf einen bestimmten Wert (z.B. Marktanteil von 20%).[36]

(3) Als nächstes können Ziele hinsichtlich ihrer **Fristigkeit (kurz- oder langfristig)** voneinander abgegrenzt werden. Hierbei spricht man auch von den **operativen (kurzfristigen) oder strategischen (langfristigen) Zielen**. Um die Lücke zwischen den strategischen und operativen Zielen zu schließen, können zusätzlich die taktischen (mittelfristigen) Ziele als Meilensteine formuliert werden. Je nach Branche werden unter kurz-, mittel- und langfristigen Zielen unterschiedliche Zeiträume definiert. Bei einem

---

[35] Vgl. Jung, H. [2010]: Allgemeine Betriebswirtschaftslehre, 12. Auflage, München, S. 29ff sowie Thommen, J.-P./Achleitner, A.-K. [2009]: Allgemeine Betriebswirtschaftslehre, 6. überarbeitete Auflage, Wiesbaden, S. 115ff.
[36] Vgl. Thommen, J.-P./Achleitner, A.-K. [2009]: Allgemeine Betriebswirtschaftslehre, 6. überarbeitete Auflage, Wiesbaden, S. 122.

Businessplan sind die Zeiträume meist jedoch eindeutig festgelegt.[37] Kurzfristige Ziele sind auf ein Jahr festgelegt, mittelfristige auf zwei bis fünf und langfristige Ziele gelten für über fünf Jahre.

(4) Bei der **Operationalisierung von Zielen** ist es wichtig zu wissen, ob die Ziele **quantifizierbar oder nicht quantifizierbar (qualitativ)** sind. Dies richtet sich vor allem danach, auf welchen Messskalen die Erreichung der Ziele gemessen wird. Es wird unterschieden zwischen der Kardinal-, der Ordinal- und der Nominalskala. Bei der **kardinalen** Messung kann die Zielerreichung in einem **nummerischen Wert** ausgedrückt und als die **Mengen- oder Geldgröße quantifiziert werden**. Ein Beispiel für so eine kardinale Messung wäre die Umsatz- oder Gewinnzielformulierung. Bei der **ordinalen** Messung beruht die Zielerreichung auf einer objektiv oder subjektiv hergestellten **Rangordnung**. Dadurch lassen sich die Zielerreichungsgrade in eine **Reihenfolge** bringen (z.B. „sehr gut", „gut", „befriedigend" etc.) und dadurch können zwei Zielerreichungsgrade miteinander verglichen werden (z.B. „sehr gut" ist besser als „gut", „befriedigend" ist schlechter als „gut" etc.). Bei einer **nominalen** Messung lässt sich jedoch nur feststellen, ob ein **Ziel erreicht** worden ist **oder nicht**.[38] Die kardinal- und ordinalskalierten Ziele können durch Zielmaßstäbe überprüft werden (siehe hierzu die Abbildung 49 im Anhang).

(5) Verfolgt ein Unternehmen mehrere Ziele, so können diese **komplementär, konkurrierend oder indifferent zueinander stehen**. Wenn die Maßnahmen zur Erreichung eines Zieles unterstützend, behindernd oder ohne Einfluss auf die Erreichung des anderen Zieles wirken, dann spricht man von komplementären, konkurrierenden oder indifferenten Zielen (siehe hierzu die Abbildung 50 im Anhang).

(6) Weiterhin lassen sich die **Ziele nach ihrer Rangordnung unterscheiden**. Hierbei unterscheidet man zwischen der **vertikalen Rangordnung (Ober- und Unterziele) und horizontalen Rangordnung (Haupt- und Neben-**

---

[37] Vgl. NUK Neues Unternehmertum Rheinland e.V. (Hrsg.): Handbuch NUK-Businessplan-Wettbewerb 2011/2012 – Anleitung zur Erstellung eines Businessplans, S. 28, Online im Internet: http://www.neuesunternehmertum.de/wp-content/uploads/2011/07/NUK_Handbuch_2012.pdf, [2012-06-07].
[38] Vgl. Thommen, J.-P./Achleitner, A.-K. [2009]: Allgemeine Betriebswirtschaftslehre, 6. überarbeitete Auflage, Wiesbaden, S. 122f.

ziele). Bei zwei konkurrierenden Zielen müssen durch eine Gewichtung der Ziele ein Haupt- und ein Nebenziel bestimmt werden. In die Gewichtung fließen die Wertvorstellungen und die Ansprüche des Entscheidungsträgers ein und beeinflussen somit die Gewichtung subjektiv. Beim Kauf einer Maschine wäre z.B. die Erhöhung der Rentabilität das Hauptziel und die Erhaltung der Liquidität das Nebenziel. Die Ober- und Unterziele drücken eine Zielhierarchie innerhalb eines Zielsystems aus. Dabei besteht zwischen den Ober- und Unterzielen stets eine Mittel-Zweck-Beziehung, welche jedoch eine Komplementarität der Ziele voraussetzt. Diese Mittel-Zweck-Beziehung sorgt dafür, dass durch das Mittel (Unterziel/e) der Zweck (Oberziel) erreicht wird. Die Aufteilung der Ziele in Ober- und Unterziele hat eine große praktische Bedeutung, da die Oberziele meist nicht operational sind und daher für die Mitarbeiter in den unteren Hierarchiestufen keine konkreten Zielvorgaben darstellen. Deshalb ist es nötig das Oberziel in Unterziele aufzugliedern, um Zielvorgaben zu erhalten, an denen sich jeder Mitarbeiter orientieren und danach seine Arbeit ausrichten kann.[39]

Neben der oben bereits erwähnten Funktion (Ziele als Entscheidungskriterium des unternehmerischen Handelns) weisen die Ziele noch weitere Funktionen auf. Weitere wichtige Funktionen von Zielen sind:

- Ordnung und Koordination der unternehmerischen Aktivitäten,
- Führungsfunktion,
- Leistungs- und Motivationsfunktion,
- Orientierungs- und Handlungsfunktion für alle Mitarbeiter,
- Maßstab zur Leistungsbeurteilung,
- Rechtfertigung von Handlungen,
- Konfliktlösungsfunktion und

---

[39] Vgl. Thommen, J.-P./Achleitner, A.-K. [2009]: Allgemeine Betriebswirtschaftslehre, 6. überarbeitete Auflage, Wiesbaden, S. 126 sowie Jung, H. [2010]: Allgemeine Betriebswirtschaftslehre, 12. Auflage, München, S. 175f.

- Information von internen und externen Anspruchsgruppen (Stakeholder) über das Ziel des Unternehmens.[40]

Nachdem die Funktionen und die Dimensionen von Zielen aufgezeigt wurden, soll der Leser mit dem Zielbildungsprozess und den Anforderungen an ein Zielsystem vertraut gemacht werden. Die Abbildung 7 zeigt die Prozessschritte auf, welche bei der Bildung eines Zielsystems zu berücksichtigen sind. Verfolgt ein Unternehmen nur ein Ziel, dann kann der Prozessschritt „Zielordnung" weggelassen werden. Die Verfolgung nur eines Unternehmenszieles ist jedoch Praxisfern.

Abbildung 7: Der Zielbildungsprozess, Quelle: Eigene Darstellung; Prozessschritte entnommen aus Schierenbeck (2003, S. 90ff).

(1) **Zielsuche:** In der ersten Prozessstufe geht es darum, mögliche oder denkbare Ziele unter Zuhilfenahme von z.B. Kreativitätstechniken zu finden. Hierbei zählt vor allem die Quantität der Ziele. Die Aussortierung von nicht relevanten, nicht operationalisierbaren Zielen usw. wird in den nächsten Schritten vorgenommen.[41]

(2) **Operationalisierung der Ziele:** Bei der Operationalisierung sind die Ziele hinsichtlich
- des Zielinhalts,
- des Zielausmaßes,
- des Zieltermins/-zeitraums,
- der Zuständigkeit/Verantwortung der Zielverwirklichung und

---

[40] Vgl. Jung, H. [2010]: Allgemeine Betriebswirtschaftslehre, 12. Auflage, München, S. 173f sowie Macharzina, K./Wolf, J. [2010]: Unternehmensführung – Das internationale Managementwissen, 7. Auflage, Wiesbaden, S. 211f.
[41] Wild, J. [1982]: Grundlagen der Unternehmensplanung, 4. Auflage, Reinbek bei Hamburg S. 57ff. zitiert nach Schierenbeck, H. [2003]: Grundzüge der Betriebswirtschaftslehre, 16. Auflage, München, S. 90.

- der verfügbaren Ressourcen für die Zielerreichung zu präzisieren.[42]

Wobei die Präzisierung hinsichtlich der Kriterien Zielinhalt, Zielausmaß, Zieltermin/-zeitraum weit verbreitet ist. Damit eine angemessene Motivations- und Koordinationsfunktion entwickelt werden kann, können die Mindestzielkriterien Inhalt, Ausmaß und Termin/Zeitraum um die sogenannten „SMART"-Kriterien erweitert werden. SMART ist ein Akronym und steht für specific, measurable, achieveable, realistic und time-based/timely.

- Specific (spezifisch): Das Ziel soll spezifisch (für den betroffenen Unternehmensbereich unmissverständlich und eindeutig) formuliert sowie mit anderen Zielen stimmig sein.
- Measurable (messbar/operational): Das Ziel soll mess- bzw. quantifizierbar sein.
- Achieveable (erreichbar): Das Ziel soll erreichbar sein.
- Realistic (realistisch): Das Ziel soll realistisch hinsichtlich des Leistungsniveaus des betroffenen Bereichs/der betroffenen Person sowie durch das Handeln des Bereichs/der Person realisierbar sein.
- Time-Based/Timely (terminiert): Das Ziel soll bezüglich des Endtermins ggf. auch durch Zwischentermine (Meilensteine) terminiert sein.[43]

Die SMART-Kriterien helfen die Mindestkriterien bei der Zielformulierung einzuhalten, jedoch spiegeln sie meiner Ansicht nach nur die Prozessschritte 3 und 4 des Zielbildungsprozesses wieder. Deshalb sollten beim Zielbildungsprozess die Ziele hinsichtlich des Inhalts, des Ausmaßes, des Zeitpunktes/-raumes, des organisatorischen Verantwortungsbereiches wie auch der Ressourcen präzisiert werden und im Anschluss nach der Zielhierarchie, den Zielprioritäten, der Fristigkeit und der Managementebene geordnet sowie auf ihre Realisierbarkeit geprüft werden.

---

[42] Wild, J. [1982]: Grundlagen der Unternehmensplanung, 4. Auflage, Reinbek bei Hamburg S. 57ff. zitiert nach Schierenbeck, H. [2003]: Grundzüge der Betriebswirtschaftslehre, 16. Auflage, München, S. 90.

[43] Vgl. Macharzina, K./Wolf, J. [2010]: Unternehmensführung – Das internationale Managementwissen, 7. Auflage, Wiesbaden, S. 210f.

(3) **Zielanalyse und Zielordnung:** Nachdem die Ziele operationalisiert worden sind bzw. die nicht operationalisierbaren Ziele eliminiert wurden, muss zwischen den Zielen eine Ordnungsstruktur hergestellt werden.

- Dabei muss zunächst eine Mittel-Zweck-Beziehung zwischen den Zielen hergestellt werden. Es müssen also **Ober- und Unterziele** festgelegt werden, welche dann eine **Zielhierarchie** bilden.
- Als nächstes müssen Zielprioritäten festgelegt werden. Die **Zielprioritäten** sind immer dann nötig, wenn auf einer Ebene der Zielhierarchie mindestens zwei konkurrierende Ziele bestehen **(Haupt- und Nebenziele)**.

Neben den bereits erwähnten Ordnungsbeziehungen, hinsichtlich der Zielhierarchie und der Zielprioritäten, müssen die Ziele weiterhin hinsichtlich ihrer Fristigkeit (kurz-, mittel-, langfristig) unterschieden und zu den einzelnen Managementebenen (Unternehmens-, Bereichs-, Abteilungs-, Stellenziele) zugeordnet werden.[44]

(4) **Prüfung der Realisierbarkeit:** Die Ziele sollen realistisch, also erreichbar jedoch motivierend formuliert werden. Sie sollten den Charakter eines Leistungsansporns haben. Hierbei ist sicherzustellen, dass

- die erforderlichen Maßnahmen zur Erreichung der Ziele innerhalb der geplanten Zeiträume und mit den dafür verfügbaren Ressourcen durchführbar sind,
- das dafür erforderliche Leistungspotenzial und die organisatorischen Kompetenzen ausreichen, um die Maßnahmen zeitgerecht zu realisieren und
- die einzelnen Ziele miteinander verträglich sind bzw. konfliktäre Ziele durch Zielprioritäten in Haupt- und Nebenziele eingeteilt werden.[45]

---

[44] Wild, J. [1982]: Grundlagen der Unternehmensplanung, 4. Auflage, Reinbek bei Hamburg S. 57ff. zitiert nach Schierenbeck, H. [2003]: Grundzüge der Betriebswirtschaftslehre, 16. Auflage, München, S. 90f.
[45] Wild, J. [1982]: Grundlagen der Unternehmensplanung, 4. Auflage, Reinbek bei Hamburg S. 57ff. zitiert nach Schierenbeck, H. [2003]: Grundzüge der Betriebswirtschaftslehre, 16. Auflage, München, S. 91.

(5) **Zielentscheidung:** Enthält der Entwurf des Zielsystems weiterhin Alternativen, dann ist im Rahmen dieser Phase eine Entscheidung über die konkret angestrebten Ziele zu treffen.[46]

(6) **Durchsetzung der Ziele:** Bei der Durchsetzung müssen die Ziele den Verantwortlichen in der jeweiligen Organisationseinheit zugeordnet und kommuniziert werden. Diese sollten sich weitgehend mit den Zielen identifizieren, um das Erreichen der Ziele zu erleichtern (Management by Objectives). Deswegen sollten die jeweiligen Verantwortlichen bereits an der Zielplanung mitwirken.[47]

(7) **Zielüberprüfung und Zielrevision:** Ziele sollten periodisch (jährlich) spätestens jedoch alle zwei bis drei Jahre hinsichtlich der Zielrealisierung, der Planabweichung sowie der Umwelt- und der Prämissenänderungen überprüft und gegebenenfalls geändert werden.[48]

An den Entwurf eines Zielsystems sind die folgenden Anforderungen zu stellen: Realistik, Operationalität, Ordnung, Konsistenz, Aktualität, Vollständigkeit, Durchsetzbarkeit, Organisationskongruenz sowie Transparenz und Überprüfbarkeit.[49]

Ein solches idealtypisches Zielsystem, welches allen Anforderungen genügt, existiert nicht. Es wurde bereits relativ früh versucht Zielordnungsschemata (wie z.B. das DuPont-Kennzahlensystem) zur Steuerung von Unternehmen zu entwickeln. Hierbei wurden jedoch nur rein finanzielle Kenngrößen verwendet, um ein Unternehmen zu führen/steuern. Die meisten dieser Zielsysteme sind unvollständig und stellen nicht die komplexe Führungsaufgabe eines Unterneh-

---

[46] Wild, J. [1982]: Grundlagen der Unternehmensplanung, 4. Auflage, Reinbek bei Hamburg S. 57ff. zitiert nach Schierenbeck, H. [2003]: Grundzüge der Betriebswirtschaftslehre, 16. Auflage, München, S. 91.
[47] Wild, J. [1982]: Grundlagen der Unternehmensplanung, 4. Auflage, Reinbek bei Hamburg S. 57ff. zitiert nach Schierenbeck, H. [2003]: Grundzüge der Betriebswirtschaftslehre, 16. Auflage, München, S. 92.
[48] Wild, J. [1982]: Grundlagen der Unternehmensplanung, 4. Auflage, Reinbek bei Hamburg S. 57ff. zitiert nach Schierenbeck, H. [2003]: Grundzüge der Betriebswirtschaftslehre, 16. Auflage, München, S. 92.
[49] Wild, J. [1982]: Grundlagen der Unternehmensplanung, 4. Auflage, Reinbek bei Hamburg S. 55ff. zitiert nach Schierenbeck, H. [2003]: Grundzüge der Betriebswirtschaftslehre, 16. Auflage, München, S. 88f.

mens dar. Denn finanziell orientierte Zielsysteme bilden durch ihre Kenngrößen bloß das Ergebnis der vorgelagerten Aktivitäten ab, sie zeigen aber nicht auf wodurch das Ergebnis zustande gekommen ist bzw. welche vorgelagerten Aktivitäten größtenteils dazu beigetragen haben.[50] Um den Nachteilen von rein finanzorientierten Zielsystemen entgegen zu wirken, wurde von Robert S. Kaplan und David P. Norton ein Modell zur Entwicklung eines Unternehmenszielsystems erarbeitet, die Balanced Scorecard (BSC).

Die BSC ergänzt finanzielle Kennzahlen vergangener Leistungen durch die treibenden Faktoren zukünftiger Leistungen, indem sie die Unternehmensleistung aus vier Perspektiven auf die Vision und Strategien des Unternehmens fokussiert. Die vier grundlegenden Perspektiven laut Kaplan/Norton sind die finanzielle Perspektive, die Kunden-, die interne Geschäftsprozess- und die Innovationsperspektive.[51] Diese können je nach Bedarf um die Lieferanten-, die Kreditgeber-, die Kommunikations-, die Organisations-, die Einführungsperspektive oder die öffentliche Perspektive ergänzt bzw. ersetzt werden (siehe Abbildung 8). Die Anzahl, der für ein Unternehmen nötigen Perspektiven, orientiert sich an der Branche, den Ausprägungen und Strukturen des jeweiligen Unternehmens.[52] Balanced steht für die Ausgewogenheit innerhalb der Scorecard zwischen den extern orientierten Messgrößen für die Teilhaber und die Kunden sowie den intern orientierten Messgrößen für die kritischen Geschäftsprozesse, die Innovation, das Lernen und das Wachstum. Des Weiteren wird die Balance zwischen den vergangenheits- und zukunftsbezogenen Messgrößen sowie zwischen den harten Zielkennzahlen und den weicheren, subjektiveren Messwerten gehalten.[53] Da die grundlegende BSC von Kaplan/Norton mit ihren vier Perspektiven, bezüglich der internen und externen Sicht sowie der vergangenheits-

---

[50] Vgl. Macharzina, K./Wolf, J. [2010]: Unternehmensführung – Das internationale Managementwissen, 7. Auflage, Wiesbaden, S. 216ff.
[51] Vgl. Kaplan, R. S./Norton, D. P. [1997]: Balanced Scorecard – Strategien erfolgreich umsetzen, 1. Auflage, Stuttgart, S. 8.
[52] Vgl. Friedag, H. R./Schmidt, W. [2000]: Balanced Scorecard – Mehr als ein Kennzahlensystem, 2. Auflage, Freiburg, S. 197 sowie Kaplan, R. S./Norton, D. P. [1997]: Balanced Scorecard – Strategien erfolgreich umsetzen, 1. Auflage, Stuttgart, S. 8.
[53] Vgl. Kaplan, R. S./Norton, D. P. [1997]: Balanced Scorecard – Strategien erfolgreich umsetzen, 1. Auflage, Stuttgart, S. 10.

und zukunftsbezogenen Messgrößen, ausgewogen ist, sollte diese Ausgewogenheit bei der Erweiterung bzw. der Ergänzung der Perspektiven möglichst erhalten bleiben.

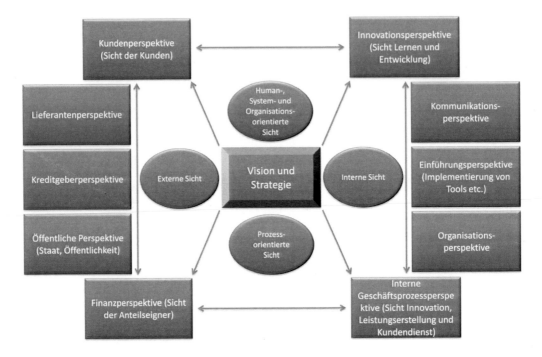

Abbildung 8: Mögliche Perspektiven auf ein Unternehmen innerhalb der Balanced Scorecard, Vgl. Friedag/Schmidt (2000, S. 29).

Das Ziel einer BSC lässt sich in fünf Punkten beschreiben. Die BSC soll:

- die Komplexität des Unternehmensgeschehens erfassen und auf transparente Teilaspekte (Perspektiven) reduzieren, welche jeder Mitarbeiter versteht,
- die Mission und Vision sowie die daraus abgeleiteten strategischen Ziele messbar machen,
- die strategischen Ziele für jeden Mitarbeiter greifbar machen,
- die Strategien im Unternehmensalltag (→ Budget) fixieren und
- die Strategien den sich ändernden Unternehmens- und Umweltbedingungen anpassen.

Die BSC soll vor allem als ein Kommunikations-, Informations- und Lernsystem, jedoch auch als ein Kontrollsystem verwendet werden.[54] Bei der Erarbeitung einer BSC sollten von Anfang an zwei Rahmenbedingungen eingehalten werden. Erstens sollte von Beginn an allen Beteiligten die BSC kommuniziert werden und zweitens sollte die Zusammenarbeit auf gegenseitigem Vertrauen beruhen, denn ohne Vertrauen verkümmert die Kommunikation.[55] Sinnvollerweise sollte die oberste Führungsebene (Gründer) mit der Formulierung der Mission und Vision sowie den darauf folgenden Strategien (siehe hierzu Kapitel 2.1.2) beginnen. Daraus bildet sich der Rahmen bzw. die Orientierung für die Diskussion mit den nachgeordneten Führungsebenen über die Anzahl und die Auswahl der Perspektiven, deren Ziele/Kennzahlen und der Methode ihrer Messung. Die nachgeordneten Führungsebenen könnte (je nach Größe des Unternehmens) eine eigene BSC erstellen. Hierbei würde diese Führungsebene (Bereich/Abteilung) ihre individuellen Bereichs- oder Abteilungsperspektiven auf die Ziele des Bereiches/der Abteilung aus der übergeordneten BSC fokussieren. Die frühzeitige Einbindung der nachgeordneten Führungsebene ist im Rahmen einer Unternehmensführung durch Zielvereinbarung (Management by Objectives) wichtig, weil die in der BSC festgelegten Ziele den jeweiligen Verantwortlichen zugeordnet werden müssen. Daher ist auch die zweite Rahmenbedingung (Vertrauen) von großer Wichtigkeit. Denn Vertrauen führt dazu, dass die Mitarbeiter die Ziele/Kennzahlen besser annehmen (vielleicht sich auch mit diesen Identifizieren) und diese dadurch besser in die Tat umsetzen.[56] Bei der Formulierung der Kennzahlen sollten die drei Dimensionen (Perspektive, Indikator, Fristigkeit) beachtet werden (siehe Abbildung 9).

---

[54] Vgl. Kaplan, R. S./Norton, D. P. [1997]: Balanced Scorecard – Strategien erfolgreich umsetzen, 1. Auflage, Stuttgart, S. 24.
[55] Vgl. Friedag, H. R./Schmidt, W. [2000]: Balanced Scorecard – Mehr als ein Kennzahlensystem, 2. Auflage, Freiburg, S. 83ff.
[56] Vgl. Friedag, H. R./Schmidt, W. [2000]: Balanced Scorecard – Mehr als ein Kennzahlensystem, 2. Auflage, Freiburg, S. 84ff.

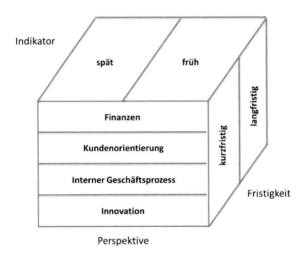

Abbildung 9: Dreidimensionalität der Kennzahlen einer Balanced Scorecard, Quelle: Friedag/Schmidt (2000, S. 43).

„Die Finanzen durchziehen unser Unternehmen, wie der Blutkreislauf den menschlichen Körper."[57] Sie sind Überlebenswichtig bzw. sichern unsere Existenz. Daher sollte die **finanzielle Perspektive** zur Orientierung der anderen Perspektiven dienen (Oberziel aller Perspektiven). Die finanziellen Ziele bewegen sich im Spannungsfeld zwischen der Sicherung der Liquidität, der Rentabilität und der Stabilität. Zu den Finanzkennzahlen gehören Rentabilitäts- und Umsatzkennzahlen ebenso wie stärker liquiditätsbezogene Größen (wie z.B. Cash-Flow, Cash-to-Cash-Zyklus etc.).[58] Je nach Entwicklungsphase des Unternehmens (Wachstums-, Reife-, Erntephase) und des strategischen Themas (Ertragswachstum und –mix, Kostensenkung/Produktivitätsverbesserung, Nutzung von Vermögenswerten) können unterschiedliche Kennzahlen zum Einsatz kommen (siehe Tabelle 1).[59]

---

[57] Friedag, H. R./Schmidt, W. [2000]: Balanced Scorecard – Mehr als ein Kennzahlensystem, 2. Auflage, Freiburg, S. 183.
[58] Vgl. Friedag, H. R./Schmidt, W. [2000]: Balanced Scorecard – Mehr als ein Kennzahlensystem, 2. Auflage, Freiburg, S. 183ff.
[59] Vgl. Kaplan, R. S./Norton, D. P. [1997]: Balanced Scorecard – Strategien erfolgreich umsetzen, 1. Auflage, Stuttgart, S. 49f.

		Strategische Themen		
		Ertragswachstum und -mix	Kostensenkung/ Produktivitäts-verbesserung	Nutzung von Ver-mögens-werten
Entwicklungsphase des Unternehmens	Wachstum	• Umsatzwachstumsrate pro Segment • Prozent der Erträge aus neuen Produkten, Dienstleistungen und Kunden	• Ertrag pro Mitarbeiter	• Investition (in % des Umsatzes) • F&E (in % des Umsatzes)
	Reife	• Anteil an Zielkunden • Cross-Selling • Prozent Erträge aus neuen Anwendungen • Rentabilität von Kunden und Produktlinien	• Kosten des Unternehmens vs. Kosten bei der Konkurrenz • Kostensenkungssätze • Indirekte Kosten (Verkauf in Prozent)	• Kennzahlen für Working Capital (Cash-to-Cash-Cycle) • ROCE pro Hauptvermögenskategorien • Anlagennutzungsrate
	Ernte	• Rentabilität von Kunden und Produktlinien • Prozent der unrentablen Kunden	• Einheitskosten (pro Outputeinheit, pro Transaktion)	• Amortisation • Durchsatz

Tabelle 1: Messung/Bewertung strategischer finanzwirtschaftlicher Themen, Quelle: Kaplan/Norton (1997, S. 50).

Die meisten finanzwirtschaftlichen Ziele sind Spätindikatoren, wenn keine Meilensteine (Zwischenziele) festgelegt werden. Als Beispiel für ein finanzielles Ziel nimmt man den Umsatz des Produktes „X". Dieser soll z.B. in 3 Jahren auf das Dreifache wachsen. Bei diesem Ziel würde man erst nach Ablauf der drei Jahre feststellen, ob das Ziel erreicht wurde oder nicht und kann auch erst dann darauf reagieren. Legt man jedoch für das Jahr eins (Wachstum um 20%) und zwei (Wachstum um 45%) Zwischenziele fest, dann kann bereits im ersten Jahr festgestellt werden, ob die Ziele im zweiten und dritten Jahr zu erreichen sind. Somit wird das Umsatzwachstum des ersten Jahres zum Frühindikator des zweiten und dritten Jahres.[60]

---

[60] Vgl. Friedag, H. R./Schmidt, W. [2000]: Balanced Scorecard – Mehr als ein Kennzahlensystem, 2. Auflage, Freiburg, S. 187f.

Der Zweck jedes Unternehmens besteht in erster Linie darin die Bedürfnisse des Kunden zu befriedigen.[61] Daher sollten nach der finanziellen Perspektive die Ziele der **kundenorientierten Perspektive** erarbeitet werden. Denn was nutzen z.B. technische Höchstleistungen oder großartige Prozesse, wenn diese vom Kunden nicht benötigt werden.[62] Die kundenorientierte Perspektive zeigt auf, durch welche Leistungen Stammkunden gebunden bzw. neue gewonnen werden können und wie treu, zufrieden und rentabel diese sind.[63] Die Kernkennzahlen sind der Marktanteil, die Kundenrentabilität, -akquise, -treue und -zufriedenheit. Siehe hierzu auch die Kausalkette der Kundenperspektive (Abbildung 10).

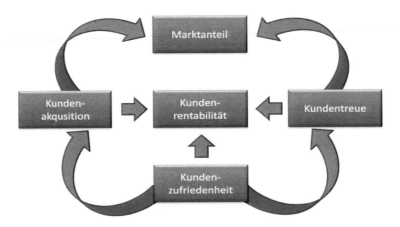

Abbildung 10: Die Kausalkette der Kundenperspektive, Quelle: Kaplan/Norton (1997, S. 66).

Diese Kennzahlen sind jedoch eher als Spätindikatoren anzusehen. Als Frühindikatoren der Kundenperspektive werden dagegen Kennzahlen der Produkt- und Serviceeigenschaften, der Kundenbeziehungen sowie das Image und die Reputation aufgefasst (siehe Abbildung 11).[64]

---

[61] Vgl. Friedag, H. R./Schmidt, W. [2000]: Balanced Scorecard – Mehr als ein Kennzahlensystem, 2. Auflage, Freiburg, S. 115.
[62] Vgl. Friedag, H. R./Schmidt, W. [2000]: Balanced Scorecard – Mehr als ein Kennzahlensystem, 2. Auflage, Freiburg, S. 115.
[63] Vgl. Kaplan, R. S./Norton, D. P. [1997]: Balanced Scorecard – Strategien erfolgreich umsetzen, 1. Auflage, Stuttgart, S. 66.
[64] Vgl. Friedag, H. R./Schmidt, W. [2000]: Balanced Scorecard – Mehr als ein Kennzahlensystem, 2. Auflage, Freiburg, S. 117.

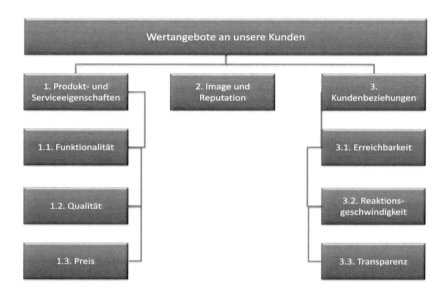

Abbildung 11: Frühindikatoren für die Kundenperspektive, Quelle: Friedag/Schmidt (2000, S. 122).

Bei der **internen Geschäftsprozessperspektive** identifiziert die Unternehmensführung die Prozesse, welche zur Erreichung der Kunden- und Finanzziele am kritischsten sind und prüft diese auf Effizienzverbesserungsmöglichkeiten. Der Gesamtprozess besteht aus den Hauptkomponenten Innovations-, Betriebs- und Kundendienstprozess (siehe Abbildung 12).[65]

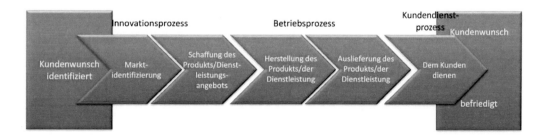

Abbildung 12: Die interne Prozessperspektive - das generische Wertkettenmodell, Quelle: Kaplan/Norton (1997, S. 93).

Der Innovationsprozess beschäftigt sich mit der Identifikation und der Umsetzung von Kundenwünschen. Der betriebliche Leistungsprozess durchläuft alle Funktionsbereiche eines Unternehmens (vom Einkauf über Fertigung bis zum

---

[65] Vgl. Kaplan, R. S./Norton, D. P. [1997]: Balanced Scorecard – Strategien erfolgreich umsetzen, 1. Auflage, Stuttgart, S. 89ff.

Absatz).[66] Der Kundendienst kümmert sich um die Belange des Kunden und wird, indem er die Forschung & Entwicklung (F&E) mit neuen Kundenwünschen oder Verbesserungsvorschlägen beliefert, zum Lieferanten für den Innovationsprozess. Zuletzt gehört zum internen Geschäftsprozess nicht nur der Ablauf des Prozesses von der Innovation über die Leistungserstellung bis zur Nachsorge, sondern auch die interne und externe Kommunikation. Mögliche Kennzahlen für die interne Geschäftsprozessperspektive sind die Projekterfolgs-, die Ideenverwertungsrate, die Marktreife (Time-to-Market), die Durchlaufzeit, die Bearbeitungs- bzw. Verarbeitungszeit zu Durchlaufzeit, der Anteil Nachbetreuter Kunden etc. (siehe Abbildung 13).[67]

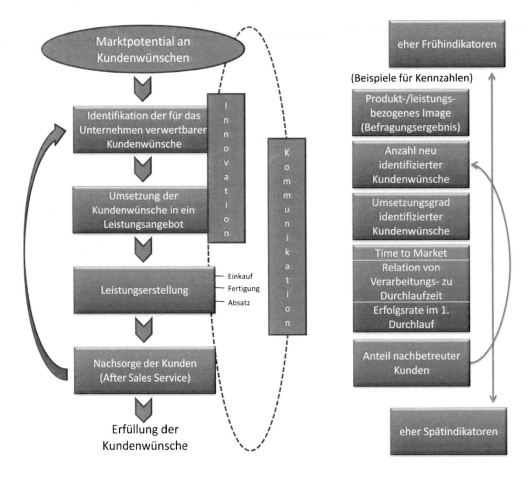

Abbildung 13: Indikatoren der Geschäftsprozessperspektive, Quelle: Friedag/Schmidt (2000, S. 140).

---

[66] Vgl. Friedag, H. R./Schmidt, W. [2000]: Balanced Scorecard – Mehr als ein Kennzahlensystem, 2. Auflage, Freiburg, S. 137.
[67] Vgl. Friedag, H. R./Schmidt, W. [2000]: Balanced Scorecard – Mehr als ein Kennzahlensystem, 2. Auflage, Freiburg, S. 143ff.

Die Finanz-, Kunden- und interne Geschäftsprozessperspektive identifizieren die Potentiale eines Unternehmens zur Verbesserung der Geschäftssituation und die **Innovationsperspektive** schafft die dafür nötige Infrastruktur (Mitarbeiter, Systeme, Organisation). Die Innovationsperspektive beschäftigt sich mit der Förderung der Potentiale der Mitarbeiter, der Systeme und der Organisationsprozesse. Hierbei unterscheidet die Innovationsperspektive zwischen drei Hauptkategorien (Mitarbeiterpotentiale, Potentiale von Informationssystemen sowie Motivation, Empowerment und Zielausrichtung). Kennzahlen für diese Perspektive sind z.B. die Mitarbeiterzufriedenheit, die Personaltreue, die Mitarbeiterproduktivität, -fortbildung, -motivation, die Anzahl umgesetzter Verbesserungsvorschläge, die Teamleistung etc. (siehe Abbildung 14).

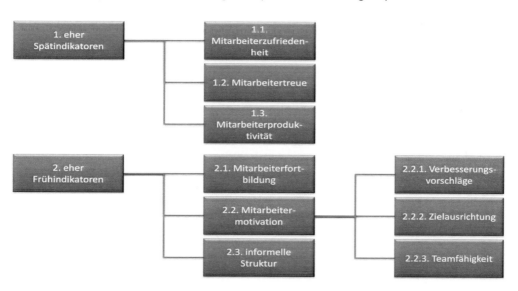

Abbildung 14: Kennzahlen der Mitarbeiterperspektive, Quelle: Friedag/Schmidt (2000, S. 166).

In der BSC sollten zwischen den Zielen der einzelnen Perspektiven Ursache-Wirkungszusammenhänge bestehen, welche durch Hypothesen belegt werden. Diese Beziehungen bestehen zwischen den Leistungstreibern (Frühindikatoren) und den Ergebniskennzahlen (Spätindikatoren). Die Beziehungen beschreiben durch die Hypothesen welche Leistungstreiber (Ursache) zu den jeweiligen Ergebnissen (Wirkung) führen. Als Beispiel dient hier die Hypothese „Die Teilnahme der Mitarbeiter an einem Verkaufstraining führt zu höheren Gewinnen.". Dieser Ursache-Wirkungszusammenhang kann durch folgende Hypothese hergestellt werden:

Die Mitarbeiter werden hinsichtlich des Produktwissens geschult und können dadurch ihre Verkaufseffektivität verbessern, weil Sie mit der Produktpalette besser vertraut sind. Durch eine erhöhte Verkaufseffektivität erhöht sich wiederum der Gewinn.

Die BSC sollte weiterhin über eine gute Mischung von Spät- (Ergebniskennzahlen) und Frühindikatoren (Leistungstreiber für die Ergebniskennzahlen) verfügen. Zuletzt sollte die Kausalkette aller Ziele/Kennzahlen der BSC mit den finanziellen Zielen verknüpft sein, damit qualitative Ziele wie z.B. die Qualität, die Kundenzufriedenheit, die Innovation und die Personalentwicklung nicht zum Selbstzweck werden. Denn nur wenn diese Ziele z.B. zu einer Verbesserung des ROCE oder EVA führen, sollten diese verfolgt werden.[68]

Zur Veranschaulichung der BSC findet der Leser im Anhang eine Beispiel-BSC eines regionalen Kreditinstituts (siehe Tabelle 6 im Anhang). Zum besseren Verständnis und besseren Anwendung der Balanced Scorecard kann der Leser sich mit den Büchern von Kaplan/Norton (Balanced Scorecard – Strategien erfolgreich umsetzen) und Friedag/Schmidt (Balanced Scorecard – Mehr als ein Kennzahlensystem) befassen.

2.1.2. Die Grundlagen der Planung und die Unterteilung in die strategische sowie die taktische und operative Planung

Nachdem die Ziele gebildet/gesetzt und in einem Zielsystem organisiert wurden, muss sich die Unternehmensleitung dem Planungsprozess widmen. Allerdings sind die Grenzen zwischen der Zielbildung, der Planung und der Entscheidung fließend bzw. erfordern eine Rückkopplung. Die Planung analysiert den Istzustand, nimmt die relevanten Veränderungen in der Umwelt (Umsysteme) und dem Unternehmen gedanklich vorweg, beurteilt deren Auswirkung und erarbeitet zukunftsorientierte Maßnahmen für das Unternehmen, damit der optimale Zielerreichungsgrad erreicht wird. So müssten z.B. operationalisierte Zie-

---

[68] Vgl. Kaplan, R. S./Norton, D. P. [1997]: Balanced Scorecard – Strategien erfolgreich umsetzen, 1. Auflage, Stuttgart, S. 143ff.

le nach der Analyse des Istzustandes sowie der Unternehmens- und Umweltprognose erneut auf ihre Realisierbarkeit hin überprüft und eventuell geändert werden (Rückkopplung). Der Planungsprozess beschäftigt sich mit der Problemanalyse, der Alternativenermittlung und der Alternativenbewertung. Die **Problemanalyse** beginnt mit der Erfassung des Istzustandes. Danach folgt die Prognose der zukünftigen Veränderungen innerhalb und außerhalb (Umwelt/Umsysteme) des Unternehmens. Bei der **Alternativenermittlung** werden die möglichen Maßnahmen erarbeitet, mit welchen die zukünftigen Veränderungen gemeistert werden sollen. Darüber hinaus muss aufgezeigt werden, welche der Ressourcen zur Realisierung dieser Maßnahmen benötigt werden. Bei der **Alternativenbewertung** geht es um die Prognose der zu erwartenden Zielerreichung der einzelnen Handlungsalternativen (Maßnahmen) und deren Beurteilung anhand der erwarteten Zielerreichung (Bewertung).[69] Wenn die Planung nicht vom Controlling sondern von der Unternehmensleitung durchgeführt wird, dann gehört der Schritt der Alternativenbewertung meiner Ansicht nach zum Entscheidungsprozess.

Wie bei den Zielsystemen besteht auch zwischen den Handlungsalternativen ein hoher Koordinations- und Organisationsbedarf.[70] Bei der Planung sollten genau wie bei der Buchführung/Bilanzierung gewisse Grundsätze eingehalten werden (Grundsätze ordnungsgemäßer Buchführung/Bilanzierung - „GoB"). Deswegen hat der Bundesverband der Unternehmensberater den kostenlosen Planungsleitfaden „Grundsätze ordnungsgemäßer Planung (GoP)" herausgebracht, welcher den Planern eine Vorgehensweise bei der Unternehmensplanung vorgibt. Dieser Leitfaden gibt dabei die folgenden Mindestgrundsätze vor: Vollständigkeit, Wesentlichkeit und Folgerichtigkeit. Weiterhin sollten die Pläne dokumentiert und transparent gemacht werden.[71] Als Ergänzung sollten die Le-

---

[69] Vgl. Wöhe, G./Döring, U. [2010]: Einführung in die allgemeine Betriebswirtschaftslehre, 24. Auflage, München, S. 76f sowie Thommen, J.-P./Achleitner, A.-K. [2009]: Allgemeine Betriebswirtschaftslehre, 6. überarbeitete Auflage, Wiesbaden, S. 951f.
[70] Vgl. Thommen, J.-P./Achleitner, A.-K. [2009]: Allgemeine Betriebswirtschaftslehre, 6. überarbeitete Auflage, Wiesbaden, S. 952.
[71] Vgl. Institut der Unternehmensberater IdU im Bundesverband Deutscher Unternehmensberater e.V. (Hrsg.) [2009]: Grundsätze ordnungsgemäßer Planung (GoP), 3. Auflage, Bonn, S. 8ff, Online im Internet: http://www.bdu.de/GoP.html, [2012-06-26].

ser dieses Buches auch die GoP´s des Bundesverbandes der Unternehmensberater durcharbeiten. Zusätzlich müssen die Planungsträger festgelegt und in einer Planorganisation geordnet, der Ablauf des Planungsprozesses und die Planungsinstrumente festgelegt werden, um daraufhin ein Plansystem zu bilden.[72]

Die Planungsträger sind entweder Personen oder Abteilungen innerhalb des Unternehmens. Es ist zu klären in welchem Ausmaß die jeweiligen Stellen oder Personen an der Planung beteiligt sein sollen und wie die Planung organisiert werden soll (zentral oder dezentral). Wird die Planung dezentral durchgeführt, dann ist jede Führungsperson an der Planung beteiligt und dadurch müssen die Planungsaufgaben innerhalb einer Linienorganisation auf die Führungsinstanzen der jeweiligen hierarchischen Ebene aufgeteilt werden. Wird die Planung zentral durchgeführt, so ist der Planungsträger meist die Unternehmensführung oder eine Stabstelle, welche in der Nähe der Unternehmensführung angesiedelt ist (siehe Abbildung 51 im Anhang).[73]

Beim Ablauf des Planungsprozesses muss zunächst geklärt werden, wie dieser organisatorisch im Unternehmen einzugliedern ist. Hierbei wird zwischen dem „Top-Down"-, dem „Bottom-Up"- und dem „Gegenstrom"-Verfahren unterschieden. Beim „Top-Down"-Verfahren werden die Teilpläne aus dem Gesamtplan abgeleitet (von oben nach unten). Beim „Bottom-Up"-Verfahren werden zunächst die Teilpläne auf den untersten Unternehmensebenen erstellt und darauf zu den übergeordneten Planungsebenen weitergeleitet, welche daraus den Gesamtplan erstellen (von unten nach oben). Das „Gegenstrom"-Verfahren verbindet die beiden ersten Verfahren. Es wird zuerst ein vorläufiger Rahmenplan von der Unternehmensleitung vorgegeben. Darauf aufbauend erstellen die unteren Planungsebenen ihre Teilpläne und leiten diese wiederum an die Unter-

---

[72] Vgl. Thommen, J.-P./Achleitner, A.-K. [2009]: Allgemeine Betriebswirtschaftslehre, 6. überarbeitete Auflage, Wiesbaden, S. 952.
[73] Vgl. Thommen, J.-P./Achleitner, A.-K. [2009]: Allgemeine Betriebswirtschaftslehre, 6. überarbeitete Auflage, Wiesbaden, S. 957f.

nehmensleitung. Diese fügt die Teilpläne zu einem endgültigen Gesamtplan zusammen und kommuniziert diesen an die unteren Planungsebenen. Ist die organisatorische Eingliederung bestimmt, dann muss festgelegt werden, wann in einem Planerstellungsjahr welche Teilpläne zu erstellen sind (siehe Abbildung 52 im Anhang) und wie die Aktualisierung der Plandaten in den Folgejahren erfolgen soll (rollende Planung oder Blockplanung (siehe Abbildung 53 im Anhang)).[74]

Bevor auf die Instrumente der strategischen (siehe Kapitel 2.1.2.1) und operativen (siehe Kapitel 2.1.2.2) Planung eingegangen wird, sollen zunächst einige wichtige Aspekte erläutert werden, welche bei der Erstellung eines Planungssystems zu beachten sind. Das Plansystem eines Unternehmens beinhaltet alle ausgearbeiteten Pläne und legt deren Beziehung zueinander fest. Es sollten folgende Aspekte in einem Plansystem Beachtung finden: **Planungsbezug, -tiefe, -zeitraum und –stufe**. Beim Planungsbezug unterscheidet man zwischen der Unternehmens-, der Teilbereichs- und der Projektplanung. Dabei geht es um den Bezug der Pläne zu den Bereichen des Unternehmens. Die Unternehmensplanung bezieht sich auf die Handlungen des gesamten Unternehmens. Die Teilbereichsplanung umfasst nur die Beziehungen der einzelnen Verantwortungsbereiche (z.B. Funktionsbereiche wie F&E, Einkauf, Marketing etc.). Die Projektplanung befasst sich mit der Durchführung einmaliger Vorhaben (z.B. Entwicklung und Einführung eines neuen Produktes, Realisierung einer Marketingkampagne usw.) und zeigt deren Bezug zueinander. Bei der Planungstiefe geht es um den Detaillierungsgrad eines Planes. Es wird zwischen der Grob- und der Feinplanung unterschieden. Die Grobplanung steckt die allgemeinen Rahmenbedingungen ab und die Feinplanung befasst sich mit der konkreten Realisierung der Maßnahmen und der Ziele. Der Planungszeitraum bestimmt die zeitliche Reichweite der einzelnen Pläne. Es wird zwischen der kurz-, der

---

[74] Vgl. Thommen, J.-P./Achleitner, A.-K. [2009]: Allgemeine Betriebswirtschaftslehre, 6. überarbeitete Auflage, Wiesbaden, S. 956f sowie Wöhe, G./Döring, U. [2010]: Einführung in die allgemeine Betriebswirtschaftslehre, 24. Auflage, München, S. 82ff.

mittel- und der langfristigen Planung unterschieden. Die Planungsstufe legt fest, für welche Führungsstufe (z.B. obere, mittlere, untere) der Plan bestimmt ist.[75]

Unter Berücksichtigung der zuvor genannten und weiteren Unterscheidungsmerkmale kann zwischen der operativen, der taktischen und der strategischen Planung unterschieden werden (siehe Tabelle 2). Auf die Unterschiede zwischen den einzelnen Planungsarten soll in Kapitel 2.1.2.1 und 2.1.2.2 eingegangen werden.

Merkmal	Art der Planung		
	Strategisch	Taktisch	Operativ
Hierarchische Stufe	Schwerpunkt Unternehmensleitung	Schwerpunkt mittlere Führungsebene	Schwerpunkt untere Führungsebene
Unsicherheitsgrad	extrem hoch	hoch	gering
Fristigkeit	5 Jahre und mehr	2 – 5 Jahre	max. 1 Jahr
Informationsbedürfnisse	primär außerbetrieblich	primär innerbetrieblich	primär innerbetrieblich
Datenprognose	vorwiegend qualitativ, grob strukturiert	quantitativ, grob strukturiert	quantitativ, fein strukturiert
Kapazitätsveränderung/Grad der Detaillierung	Ja/relativ gering, globale Aussagen (Rahmenplanung)	Ja/hoch, konkretere Aussagen (Detailplanung)	Nein/relativ hoch, konkrete Aussagen (Feinplanung)

Tabelle 2: Unterscheidung zwischen strategischer, taktischer und operativer Planung, Quelle: Vgl. Wöhe/Döring (2010, S. 79) und Thommen/Achleitner (2009, S. 956).

2.1.2.1. Die strategische Planung

Bevor mit der strategischen, taktischen und operativen Planung begonnen werden kann, müssen zunächst einige Grundsatzfragen geklärt werden. Diese werden im Rahmen der Grundsatzplanung erarbeitet. Die Grundsatzplanung

---

[75] Vgl. Thommen, J.-P./Achleitner, A.-K. [2009]: Allgemeine Betriebswirtschaftslehre, 6. überarbeitete Auflage, Wiesbaden, S. 955f.

hat dabei einen verfassungsähnlichen Charakter. Die Hauptgegenstände der Grundsatzplanung konzentrieren sich auf die Festlegung

- des Unternehmenskonzeptes,
- des Unternehmensleitbildes (Kommunikation der Unternehmensvision, -philosophie und -grundsätze),
- der Unternehmensverfassung,
- des Standortes,
- der Gesellschaftsform,
- der Beteiligungsverhältnisse,
- der Branchenzugehörigkeit (Tätigkeitsbeschreibung für das Handelsregister),
- der/des Geschäftsführer/s,
- des Führungskonzeptes,
- der Informations- und Ausschüttungspolitik,
- der Finanzierungsgrundsätze etc.[76]

Nach der Grundsatzplanung werden im Rahmen der strategischen Planung die strategischen Optionen (siehe hierzu Kapitel 2.1.2.1.3) erarbeitet. Die Strategien sollen vor allem Antwort geben auf drei grundsätzliche Fragen („Grundfragen der strategischen Planung"):

- Welche Geschäftsfelder (Produkt-Markt-Kombination) sollen besetzt werden?
- Wie soll der Wettbewerb in diesen Geschäftsfeldern betrieben werden (Wettbewerbsstrategie)?
- Was ist langfristig die Erfolgsbasis (Kernkompetenz/en) des Unternehmens?[77]

Die Strategien werden aus der Umweltanalyse, welche die Chancen und Risiken für das Unternehmen darstellen (siehe hierzu Kapitel 2.1.2.1.1), und der Unternehmensanalyse, welche die Stärken und Schwächen des Unternehmens

---

[76] Vgl. Wöhe, G./Döring, U. [2010]: Einführung in die allgemeine Betriebswirtschaftslehre, 24. Auflage, München, S. 82ff.

[77] Vgl. Steinmann, H./Schreyögg, G. [2005]: Management – Grundlagen der Unternehmensführung, 6. Auflage, Wiesbaden, S.169.

darstellen (siehe hierzu Kapitel 2.1.2.1.2), abgeleitet. Die strategische Planung prüft bei einem bestehenden Unternehmen, ob diese in den aktuellen Geschäftsfeldern mit den ausgewählten Wettbewerbsstrategien weiterhin erfolgreich konkurrieren können oder ob neue Geschäftsfelder gesucht und/oder neue Kernkompetenzen erlangt werden müssen.[78] Die Start-Ups müssen im Rahmen der strategischen Planung zunächst das Geschäftsfeld, sprich den Markt, in dem sie mit ihrem Produkt konkurrieren wollen, festlegen. Als nächstes müssen sie, ausgehend von ihren Ressourcen (finanzielle Mittel, Mitarbeiter) und den Fähigkeiten der Gründer sowie deren zukünftigen Personals (Kernkompetenzen), die Wettbewerbsstrategie festlegen, mit welcher sie sich im Wettbewerb behaupten wollen. Das Zusammenwirken der strategischen, taktischen und operativen Planung soll die Abbildung 15 veranschaulichen.

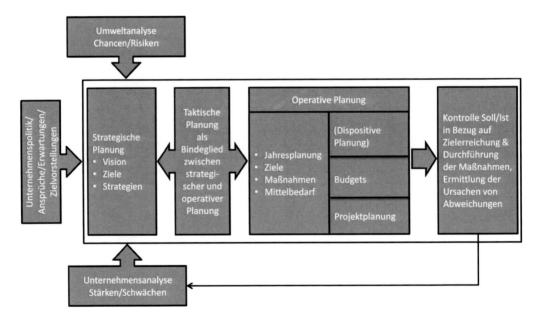

Abbildung 15: Das System der Unternehmensplanung und Kontrolle, Quelle: Vgl. Ulrich/Fluri (1995, S. 111).

2.1.2.1.1. Die Umweltanalyse

Der Kern der Umweltanalyse besteht darin, anhand von internen und externen Informationsquellen ein Situationsbild der Unternehmensumwelt zu generieren, um daraus die Chancen und Risiken, welche sich dadurch für das Unternehmen

---

[78] Vgl. Steinmann, H./Schreyögg, G. [2005]: Management – Grundlagen der Unternehmensführung, 6. Auflage, Wiesbaden, S.169f.

ergeben, herauszuarbeiten.[79] Hierbei sind diejenigen Faktoren zu ermitteln und zu analysieren, welche für die zukünftige Entwicklung des Unternehmens bedeutsam sind. Im Rahmen der Umweltanalyse sind mehrere Phasen der Unternehmensumwelt zu durchleuchten (siehe Abbildung 16):

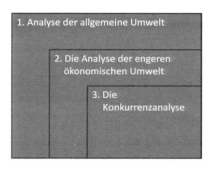

Abbildung 16: Konzeption der Umweltanalyse, Quelle: in Anlehnung an Welge/Al-Laham (2003, S. 189), Ulrich/Fluri (1995, S. 117) und Steinmann/Schreyögg (2005, S. 177).

- die Analyse der allgemeinen Umweltentwicklungen,
- die Analyse der engeren ökonomischen Umwelt,
    1. die Analyse des Geschäftsfeldes bzw. des relevanten Marktes in qualitativer Hinsicht und die Quantifizierung dieses,
    2. die Abgrenzung des Geschäftsfeldes bzw. des relevanten Marktes,
    3. die Analyse der Geschäftsfeldstruktur und der Wettbewerbssituation sowie die Prognose des zukünftigen Entwicklungsverlaufs,
- die Analyse der wichtigsten Konkurrenten innerhalb sowie außerhalb (Ersatzprodukte) des Marktes hinsichtlich ihrer Stärken, Schwächen und Absichten (Konkurrenzanalyse).[80]

2.1.2.1.1.1. Die Analyse der allgemeinen Umwelt

Bei der Analyse der allgemeinen Umwelt geht es darum, die dominierenden Trends, welche auf eine größere Anzahl von Unternehmen wirken und den

---

[79] Vgl. Steinmann, H./Schreyögg, G. [2005]: Management – Grundlagen der Unternehmensführung, 6. Auflage, Wiesbaden, S.176f.
[80] Vgl. Ulrich, P./Fluri, E. [1995]: Management - Eine konzentrierte Einführung, 7. Auflage, Bern [u.a.], S. 117, Steinmann, H./Schreyögg, G. [2005]: Management – Grundlagen der Unternehmensführung, 6. Auflage, Wiesbaden, S.176ff. sowie Welge, M.K./Al-Laham, A. [2003]: Strategisches Management – Grundlagen, Prozess, Implementierung, 4. Auflage, Wiesbaden, S. 187ff.

Handlungsspielraum des eigenen Unternehmens sowohl direkt als auch indirekt beeinflussen, festzustellen. Wobei die allgemeine Umwelt einen bestimmten geografischen Raum (z.B. Deutschland (national) oder Europa/Global (international)) umfasst.[81] Unter Zuhilfenahme der sogenannten PESTEL[82]-Analyse werden die Umweltsegmente „politisch (P)", „ökonomisch (E)", „soziokulturell (S)", „technologisch (T)", „ökologisch (E)" und „rechtlich (L)" hinsichtlich der relevanten Umweltfaktoren durchleuchtet. Die Umweltsegmente „politisch" und „rechtlich" sollten hierbei wegen ihrer Homogenität zusammengefasst werden. Die Gründer können sich an den in der Abbildung 17 dargestellten Einflussfaktoren orientieren, um die unternehmensrelevanten Umweltfaktoren aufzuspüren und zu interpretieren (Status-Quo), deren Entwicklung zu prognostizieren (Prognose) und diese hinsichtlich ihrer Auswirkungen auf das Unternehmen zu bewerten.[83]

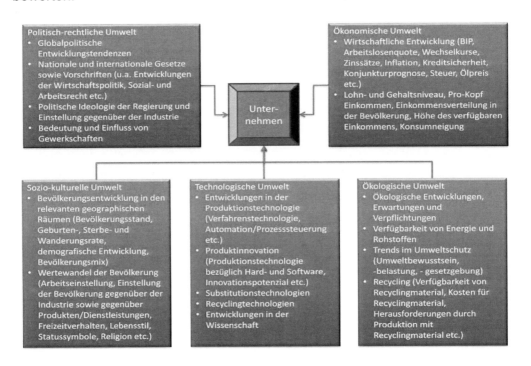

Abbildung 17: Segmente der allgemeinen Umwelt und deren Einflussfaktoren, Quelle: eigene Darstellung; Daten entnommen aus Welge/Al-Laham (2003, S. 190ff.) und Macharzina/Wolf (2010, S. 303).

---

[81] Vgl. Welge, M.K./Al-Laham, A. [2003]: Strategisches Management – Grundlagen, Prozess, Implementierung, 4. Auflage, Wiesbaden, S. 189.

[82] PESTEL ist ein Akronym für political, economic, social, technological, environmental und legal.

[83] Vgl. Welge, M.K./Al-Laham, A. [2003]: Strategisches Management – Grundlagen, Prozess, Implementierung, 4. Auflage, Wiesbaden, S. 193ff.

Bei der Filterung von unternehmensrelevanten Faktoren können die Gründer auf die sogenannte „Issue-Impact-Matrix" zurückgreifen (siehe Abbildung 18).

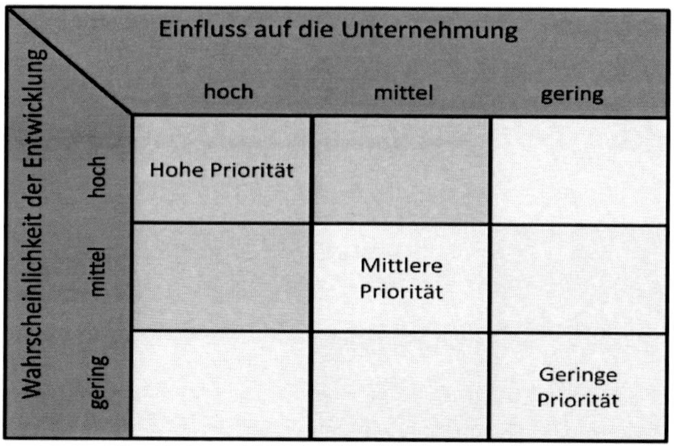

Abbildung 18: Issue Impact-Matrix, Quelle: Welge/Al-Laham (2003, S. 196).

Dabei werden die Einflussfaktoren hinsichtlich ihrer Entwicklungswahrscheinlichkeit und ihres Unternehmenseinflusses bewertet und können somit in Prioritäten (hoch, mittel, gering) eingeteilt werden.[84] Abschließend müssen die Konsequenzen (Chancen und/oder Risiken) der relevanten Einflussfaktoren, welche sich für das Unternehmen ergeben, beschrieben werden.

2.1.2.1.1.2. Die Analyse der engeren ökonomischen Umwelt

Bei der nächsten Stufe der Umweltanalyse der sogenannten „engeren Umwelt" wird zunächst der relevante Markt in qualitativer (Kundenbedürfnisse, Kundenstruktur, Kaufmotive etc.) und quantitativer (Marktvolumen, -anteil, -wachstum, Preiselastizität usw.) Hinsicht analysiert.[85] Danach gilt es den für das Unternehmen relevanten Markt bzw. das Geschäftsfeld abzugrenzen (mehr dazu im Kapitel 2.3). Die Märkte können anhand unterschiedlicher Kriterien abgegrenzt werden. Zum Beispiel wird bei einer kartellrechtlichen Fragestellung die Abgrenzung des Marktes anhand von räumlichen und sachlichen Abgrenzungskriterien vorgenommen und in einer Volkswirtschaft werden die Wirtschaftszweige

---

[84] Vgl. Welge, M.K./Al-Laham, A. [2003]: Strategisches Management – Grundlagen, Prozess, Implementierung, 4. Auflage, Wiesbaden, S. 196.
[85] Vgl. Ulrich, P./Fluri, E. [1995]: Management - Eine konzentrierte Einführung, 7. Auflage, Bern [u.a.], S. 117.

bzw. die Branchen[86] anhand der fehlenden Substituierbarkeit zwischen den Gütern („Substitutionslücke") abgegrenzt. Die strategische Marktabgrenzung soll im Rahmen dieses Buches mittels der klassischen Produkt-/Marktkombination vorgenommen werden, d.h. zur Abgrenzung werden die Kriterien:

- Produktmerkmal (z.B. Funktion, Technologie etc.),
- Abnehmer (z.B. Unternehmen, öffentliche Hand, Privatkunde) und
- Region (z.B. Länder, politische Einheiten, Kontinente)

herangezogen.[87] Nach der Abgrenzung des Geschäftsfeldes gilt es die relevanten Wirkkräfte in diesem Geschäftsfeld zu analysieren. Dabei bedient man sich dem Fünf-Kräfte-Modell von Porter, um die unternehmensrelevanten Wirkkräfte zu analysieren. Dieser zielte zwar mit seinem Modell auf die Wettbewerbskräfte einer Branche ab, aber die Wirkkräfte eines Geschäftsfeldes gleichen denen einer Branche. Die Marktabgrenzung erfolgt nur hinsichtlich unterschiedlicher Kriterien. Die fünf Wirkungskräfte sind die Verhandlungsstärke der Lieferanten und der Abnehmer, die Bedrohung durch neue Anbieter und neue Ersatzprodukte sowie die Rivalität unter den Anbietern des Geschäftsfeldes selbst. Die zuvor erarbeiteten Umweltfaktoren aus der allgemeinen Umwelt prägen die Attraktivität eines Marktes vorwiegend indirekt und die fünf Wettbewerbskräfte prägen die Struktur sowie die Attraktivität eines Marktes eher direkt (siehe hierzu auch die Abbildung 54 im Anhang).[88] In der Studie „Der Businessplan als Instrument der Gründungsplanung – Möglichkeiten und Grenzen" wurden Gewinner der Businessplanwettbewerbe Berlin-Brandenburg (1996 – 2004) und NUK – Neues Unternehmertum Rheinland (1995 – 2005) befragt. In der ersten Befragung wurden zunächst die Gewinner des Businessplanwettbewerbs Berlin-Brandenburg bezüglich der Erfolgsfaktoren für den Unternehmenserfolg befragt. Dabei haben die Gründer die Branchenkenntnis (6,3) als sehr wichtigen

---

[86] Zur Einteilung der Wirtschaftszweige bzw. Branchen siehe Statistisches Bundesamt (Hrsg.): Klassifikation der Wirtschaftszweige, 12/2008, Online im Internet: https://www.destatis.de/DE/Publikationen/Verzeichnis/KlassifikationWZ08_3100100089004.pdf?__blob=publicationFile, [2012-07-12].

[87] Vgl. Steinmann, H./Schreyögg, G. [2005]: Management – Grundlagen der Unternehmensführung, 6. Auflage, Wiesbaden, S.189f sowie Bea, F. X./Haas, J. [2005]: Strategisches Management, 4. Auflage, Stuttgart, S. 140ff.

[88] Vgl. Steinmann, H./Schreyögg, G. [2005]: Management – Grundlagen der Unternehmensführung, 6. Auflage, Wiesbaden, S.191.

Erfolgsfaktor eingestuft, gefolgt vom Managementteam (6,2), der USP/Innovation (5,5), der Finanzierung (5,5) des Businessplans (4,4) und des Standortes (3,1) (mit den Ausprägungen 1 = nicht wichtig und 7 = sehr wichtig). Des Weiteren wurden die Gründer darüber befragt, wie sie die einzelnen Wettbewerbskräfte zum Zeitpunkt der Gründung (und der Befragung) eingeschätzt haben (einschätzen). Zum Zeitpunkt der Gründung haben die Gründer die Wettbewerbskräfte „Bedrohung durch neue Konkurrenten" (3,0), „Verhandlungsmacht der Lieferanten" (3,2), „Bedrohung durch Ersatzprodukte" (3,5), „Wettbewerbsintensität innerhalb der Branche" (3,6) relativ gleichstark und die Wettbewerbskraft „Verhandlungsmacht der Abnehmer" (4,2) als etwas stärker eingeschätzt. Demgegenüber haben sie zum Zeitpunkt der Befragung die Wettbewerbskräfte „Verhandlungsmacht der Abnehmer" (5,0) als stärkste Wettbewerbskraft eingeschätzt, gefolgt von „Wettbewerbsintensität innerhalb der Branche" (4,9), „Bedrohung durch Ersatzprodukte" (4,4), „Bedrohung durch Konkurrenten" (3,7) und „Verhandlungsmacht der Lieferanten" (2,7) (siehe hierzu Abbildung 55 im Anhang).[89] In erster Linie soll durch die Geschäftsfeldanalyse die gegenwärtige Geschäftsfeld-/Marktstruktur und die Wettbewerbssituation mittels der fünf Wettbewerbskräfte (Five-Forces) analysiert werden. Zur Analyse der Geschäftsfeld-/Marktstruktur und der Wettbewerbssituation können die Gründer auf die Abbildung 19 zurückgreifen, um unternehmensrelevante Wirkkräfte zu erarbeiten.

---

[89] Vgl. Ripsas, S. et al.: Der Businessplan als Instrument der Gründungsplanung – Möglichkeiten und Grenzen, 12/2008, S. 15, Online im Internet: http://www.mba-berlin.de/fileadmin/doc/Working_Paper/Working_Paper_43_online.pdf, [2012-07-12].

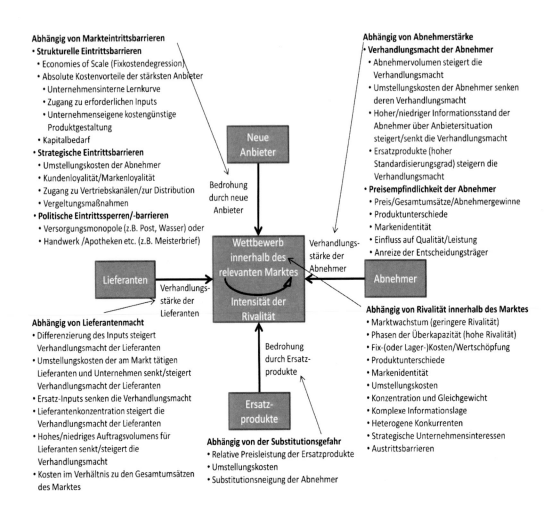

Abbildung 19: Die Wirkkräfte des relevanten Marktes, Quelle: in Anlehnung an Welge/Al-Laham (2003, S. 189), Ulrich/Fluri (1995, S. 117) und Steinmann/Schreyögg (2005, S. 191ff.).

Die Wettbewerbskräfte wirken nicht in gleichem Maße auf ein Geschäftsfeld. Meiner Ansicht nach beeinflussen die Lieferanten und neue Anbieter im Bereich E-Business den Wettbewerb in einem geringeren Maße als die drei anderen Wirkkräfte („Verhandlungsmacht der Abnehmer", „Wettbewerbsintensität innerhalb des relevanten Marktes/Geschäftsfeldes", „Bedrohung durch Ersatzprodukte"). Ähnlich schätzen es auch die Gewinner des Businessplanwettbewerbs Berlin-Brandenburg ein. Eine geringere Verhandlungsmacht der Lieferanten kann darauf zurückgeführt werden, dass durch das Internet eine hohe Preistransparenz für diverse Inputs (wie z.B. Webspace, PCs/Laptops, Software etc.), welche im E-Businessbereich benötigt werden, besteht. Dazu werden im E-Businessbereich eher neue innovative Produkte entwickelt, anstatt in einen bereits bestehenden Markt mit gleichartigen Produkten einzutreten. Und wenn dies doch geschieht, dann ist die Anzahl der neuen Anbieter relativ gering. Stattdessen findet zwischen den Wettbewerbern in einem Markt eine erhöhte Rivalität statt (wie z.B. die Rivalität zwischen Pizza.de, Lieferheld und Lieferando in der Bringdienst-Branche). In einem zweiten Schritt muss die Entwicklung des Geschäftsfeldes und dessen Wirkkräfte prognostiziert werden. Eine exakte Prognose ist ebenso wenig möglich wie bei den allgemeinen Umweltfaktoren, dennoch werden Entwicklungsaussagen benötigt, um eine Entscheidungsgrundlage für die zukünftige strategische Stoßrichtung zu entwickeln. Bei der Prognose der Geschäftsfeldentwicklung sollten die Trends aus der allgemeinen Umwelt mit einbezogen werden, da diese indirekt auf die Attraktivität eines Geschäftsfeldes wirken.[90] Abschließend müssen die Konsequenzen (Chancen und/oder Risiken) der unternehmensrelevanten Einflussfaktoren aus der Analyse der engeren Umwelt abgeleitet und beschrieben werden.

2.1.2.1.1.3. Die Konkurrenzanalyse

Im Rahmen der Konkurrenzanalyse sind die wettbewerbsrelevanten Stärken und Schwächen der Hauptkonkurrenten innerhalb des Marktes sowie auch der Konkurrenten außerhalb des Marktes, welche mit Ersatzprodukten in den Wettbewerb treten könnten, zu erarbeiten.[91] Da die Konkurrenzanalyse sich mit den Stärken und Schwächen der Wettbewerber beschäftigt, sollte sie parallel zur Erstellung der Unternehmensanalyse (Stärken und Schwächen des eigenen Unternehmens) erarbeitet werden. Zunächst können im Rahmen eines Produkt-Benchmarking erste Stärken und Schwächen ausgearbeitet werden. Hierbei werden die Konkurrenzprodukte aus der Sicht des Marktes mit dem eigenen Produkt verglichen. Dabei sollte der Fokus auf die Attribute (Features) des Produktes wie z.B. Funktionen, Kosten, etc. gelegt werden. Anhand des Produktvergleiches können bereits erste Stärken oder Schwächen abgeleitet werden (Welche Attribute möchte der Kunde und welche bietet ihm das Konkurrenzprodukt bzw. das eigene?). Danach sollten die Stärken und Schwächen der Kon-

---

[90] Vgl. Steinmann, H./Schreyögg, G. [2005]: Management – Grundlagen der Unternehmensführung, 6. Auflage, Wiesbaden, S.203.
[91] Vgl. Welge, M.K./Al-Laham, A. [2003]: Strategisches Management – Grundlagen, Prozess, Implementierung, 4. Auflage, Wiesbaden, S. 230.

kurrenzunternehmen aus einem sogenannten Reaktionsprofil abgeleitet werden. Wie auch bei der Analyse der allgemeinen und der engeren ökonomischen Umwelt muss zunächst der Status-Quo erarbeitet und daraufhin die zukünftigen strategischen Schritte der Konkurrenten prognostiziert werden. Das Reaktionsprofil der Konkurrenten wird aus der gegenwärtigen Strategie und den Fähigkeiten (Wie verhält/kann sich der Konkurrent verhalten?) sowie den zukünftigen Zielen des Konkurrenten und den Annahmen über sich selbst wie auch den Markt (Was motiviert den Konkurrenten?) erstellt (siehe Abbildung 20).[92]

Abbildung 20: Die Elemente einer Konkurrenzanalyse, Quelle: Porter (1999, S. 80).

Die Gewinnung der relevanten Daten der einzelnen Konkurrenten ist schwierig und mühsam, jedoch sollten möglichst viele Daten der Konkurrenten in die Analyse einbezogen werden. Hierbei können sich die Gründer Marktstudien, Branchenberichten von Banken/Verbänden (DB Research[93], Commerzbank[94], IKB[95], Bitkom[96], Tourismusverband[97] etc.), Datenbanken (ChrunchBase von TechCrunch.com[98], Datenbank von Gründerszene.de[99], Unternehmensregis-

---

[92] Vgl. Welge, M.K./Al-Laham, A. [2003]: Strategisches Management – Grundlagen, Prozess, Implementierung, 4. Auflage, Wiesbaden, S. 230ff.
[93] Siehe http://www.dbresearch.de/servlet/reweb2.ReWEB?rwnode=DBR_INTERNET_DE-PROD$NEU1&rwsite=DBR_INTERNET_DE-PROD.
[94] Siehe https://www.firmenkunden.commerzbank.de/de/marktdaten/branchen/start.htm.
[95] Siehe http://www.ikb.de/branchen-maerkte/branchenanalysen/.
[96] Siehe http://www.bitkom.org/Default.aspx.
[97] Siehe http://www.deutschertourismusverband.de/.
[98] Siehe http://www.crunchbase.com/.

ter[100], Bundesanzeiger[101]), Technologie- oder Szene-Communitys (t3n, Golem, deutsche-startups.de, startupcareer.de, netzwertig.com etc.) oder allgemein dem Internet bedienen. Abschließend müssen die Konsequenzen (Chancen und/oder Risiken) der unternehmensrelevanten Einflussfaktoren aus der Konkurrenzanalyse (Produkt-Benchmarking und Reaktionsprofil) abgeleitet und beschrieben werden. Zum Abschluss der Umweltanalyse sollten die erarbeiteten Daten in einem Chancen-/Risiko-Profil zusammengefasst werden (siehe Abbildung 56 im Anhang).

2.1.2.1.2. Die Unternehmensanalyse

Die Aufgabe der Unternehmensanalyse ist es die interne Ressourcensituation zu ermitteln und festzustellen, welche der Ressourcen die Stärken oder Schwächen des Unternehmens bilden. Ob es sich bei den Unternehmensressourcen um eine Stärke oder Schwäche handelt, lässt sich erst anhand einer Gegenüberstellung der eigenen Ressourcen mit denen der Konkurrenten feststellen. Die Unternehmensanalyse hat zunächst die Aufgabe, das eigene Unternehmen bzw. seinen Geschäftsbereich strategisch zu beschreiben. Die Stärken- und Schwächenanalyse kann grundlegend in zwei Teilperspektiven gegliedert werden (siehe Abbildung 21).[102] Bei der „Outside-In" Perspektive wird der Fokus auf die Kaufentscheidungsgrößen wie z.B. Eigenschaften, Preis, Qualität des Produktes, evtl. Lieferbereitschaft (z.B. E-Commerce) etc. gelegt. Folglich zählen auch nicht die objektiven Merkmale sondern deren subjektive Wahrnehmung durch den Kunden (Abnehmer). In einem ersten Schritt gilt es vorab die potenziellen kritischen Erfolgsfaktoren (wie z.B. Produkteigenschaften, Angebotspalette, Lieferleistungen, After-Sale-Leistungen (Kundendienst, Garantieleistungen), Preis, Lieferantenkredit (nur B2B), Image, Verkaufsförderung, Produktqualität, Kompetenz des Verkaufspersonals, Entwicklungspotenzial, Flexibilität etc.) zu identifizieren. Diese können aus bereits bestehenden Marktstudien oder im Rahmen einer Kundenbefragung gewonnen werden. Im nächsten

---

[99] Siehe http://www.gruenderszene.de/datenbank/.
[100] Siehe https://www.unternehmensregister.de/ureg/index.html?.
[101] Siehe https://www.bundesanzeiger.de/ebanzwww/wexsservlet.
[102] Vgl. Steinmann, H./Schreyögg, G. [2005]: Management – Grundlagen der Unternehmensführung, 6. Auflage, Wiesbaden, S.204f.

Schritt gilt es die wichtigsten kritischen Erfolgsfaktoren anhand einer Priorisierung auszuwählen. Die Priorisierung kann eventuell aus einer Marktstudie abgeleitet (Sekundärforschung) oder im Rahmen einer Kundenbefragung erfragt werden (Primärforschung).[103]

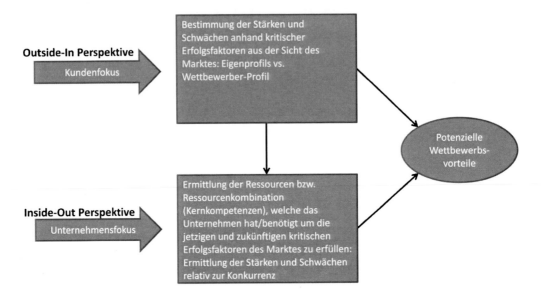

Abbildung 21: Aufbau der Unternehmensanalyse, Quelle: in Anlehnung an Steinmann/Schreyögg (2005, S. 205).

Meiner Ansicht nach sollte im Bereich E-Business das Produkt an sich bzw. seine Eigenschaften zu den wichtigsten (kritischen) Erfolgsfaktoren gehören. Denn Features wie z.B. Community-Funktion, Bonussystem, Bewertungsfunktion durch User, weitere Web 2.0 Funktionalitäten etc. bilden wichtige Wettbewerbsvorteile (Alleinstellungsmerkmal/Unique Selling Proposition). Nachdem kritische Erfolgsfaktoren ermittelt und priorisiert wurden, müssen diese in einem Profilvergleich gegenübergestellt werden. Der Profilvergleich zeigt uns unsere Stärken und Schwächen aus Sicht des Kunden gegenüber unseren Konkurrenten auf. Zuletzt sollten die Profilabweichungen interpretiert werden. Denn die negativen Profilabweichungen müssen nicht immer als Schwäche eingestuft werden, sondern können unterschiedliche Strategien abbilden. Zum Beispiel ist es bei einem Billiganbieter oft so, dass er keine Spitzenqualität zu günstigen

---

[103] Vgl. Steinmann, H./Schreyögg, G. [2005]: Management – Grundlagen der Unternehmensführung, 6. Auflage, Wiesbaden, S.217f.

Preisen anbietet bzw. anbieten kann.[104] Eine rein marktbezogene Betrachtung von Wettbewerbsvorteilen liefert keine Anhaltspunkte, welche Ressourcen bzw. Ressourcenkombinationen innerhalb des Unternehmens vorhanden sein müssen, damit die Wettbewerbsvorteile entstehen können. Deshalb muss im Anschluss an die „Outside-In"-Analyse die „Inside-Out"-Analyse ansetzen. Bei der „Inside-Out"-Analyse werden ausgehend von den kritischen Erfolgsfaktoren des Marktes die Ressourcen bzw. die Ressourcenkombinationen analysiert, welche zum Wettbewerbserfolg des Unternehmens führen sollen. Hierbei unterscheidet man zwischen den materiellen (tangible, visible) und den immateriellen (intangible, invisible) Ressourcen (siehe Abbildung 22).[105]

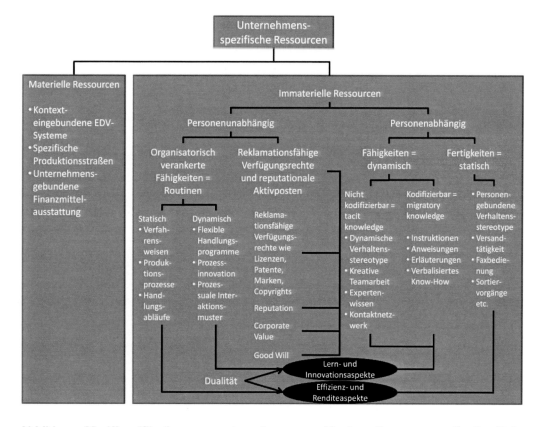

Abbildung 22: Klassifikation von unternehmensspezifischen Ressourcen, Quelle: Vgl. Welge/Al-Laham (2003, S. 261).

---

[104] Vgl. Steinmann, H./Schreyögg, G. [2005]: Management – Grundlagen der Unternehmensführung, 6. Auflage, Wiesbaden, S.217f.
[105] Vgl. Welge, M.K./Al-Laham, A. [2003]: Strategisches Management – Grundlagen, Prozess, Implementierung, 4. Auflage, Wiesbaden, S. 256ff.

Die Kernkompetenzen eines Unternehmens sind die in den Lern- und Innovationsprozessen entwickelten Fähigkeiten, bestimmte Schritte in der Wertschöpfungskette besser als die Konkurrenz zu erledigen. Die **Kombination oder Bündelung** der materiellen Ressourcen, Fähigkeiten der Mitarbeiter sowie des Managements und die organisatorischen Routinen führen zu den unternehmensspezifischen Kernkompetenzen.[106] Die Kernkompetenzen unterscheiden sich von den Basisanforderungen durch die folgenden Eigenschaften:

- Nicht-Imitierbarkeit,
- Unternehmensspezifität,
- Nicht-Substituierbarkeit und
- Fähigkeit zur Generierung eines Kundennutzens.[107]

Die Kernkompetenzen können bei der Erarbeitung der strategischen Analyse in den folgenden vier Schritten ermittelt und bewertet werden. Im ersten Schritt werden die Kernkompetenzen identifiziert und müssen die folgenden drei Bedingungen erfüllen:

- wesentlicher Beitrag zum Kundennutzen,
- Einzigartigkeit (Nicht-Imitierbarkeit, Nicht-Substituierbarkeit, Unternehmensspezifität) und
- Ausbaufähigkeit (Transferierbarkeit auf neue Produkte und Problemlösungen).[108]

Beim zweiten Schritt gilt es, die zu analysierenden Ressourcen dem Ort ihrer Analyse zuzuordnen. Im einfachsten Fall kann die Zuordnung anhand der Funktionsbereiche erfolgen. Alternativ kann zur Einordnung der Kernkompetenzen die Wertkette nach Porter herangezogen werden, da sich eine Reihe von Kompetenzen erst durch die Zusammenarbeit über Funktionsgrenzen hinweg entwi-

---

[106] Vgl. Welge, M.K./Al-Laham, A. [2003]: Strategisches Management – Grundlagen, Prozess, Implementierung, 4. Auflage, Wiesbaden, S. 258f.
[107] Vgl. Welge, M.K./Al-Laham, A. [2003]: Strategisches Management – Grundlagen, Prozess, Implementierung, 4. Auflage, Wiesbaden, S. 262ff.
[108] Vgl. Welge, M.K./Al-Laham, A. [2003]: Strategisches Management – Grundlagen, Prozess, Implementierung, 4. Auflage, Wiesbaden, S. 266f.

ckeln (z.B. Prozess-Know-How).[109] Im nächsten Schritt müssen die Kernkompetenzen, welche aus einer internen Perspektive heraus analysiert wurden, mit der externen Perspektive zusammengeführt werden. Bei der Zusammenführung hilft die sogenannte Kompetenz-Produkt-Matrix (siehe Abbildung 23).[110]

	Bestehend	Neu
Neu Kernkompetenzen	**Herausragende Position** Welche neuen Kernkompetenzen müssen wir aufbauen, um unsere Exklusivposition in unseren derzeitigen Märkten zu schützen und auszubauen?	**Weiße Flecken** Welche neuen Kernkompetenzen müssten wir aufbauen, um an den spannendsten Märkten der Zukunft teilnehmen zu können?
Bestehend	**Lücken füllen** Welche Chancen haben wir, unsere Position auf den bestehenden Märkten zu verbessern, indem wir unsere bestehenden Kernkompetenzen besser nutzen und ausschöpfen?	**Mega Chancen** Welche neuen Produkte oder Dienstleistungen könnten wir schaffen, indem wir unsere derzeitigen Kernkompetenzen in kreativer Weise neu einsetzen oder anders kombinieren?
	Bestehend	Neu
	Markt	

Abbildung 23: Kompetenz-Produkt-Matrix, Quelle: Hamel/Prahalad 1997, S. 341).

Im letzten Schritt sollten die Analyseergebnisse in ein Kernkompetenz-Management eingebunden werden (siehe Abbildung 24). An dieser Stelle bildet die Analyse der Kernkompetenzen (Identifikation, Einordnung in die Wertkette/Funktionsbereiche und die Kompetenz-Produkt-Matrix) die erste Phase des Kernkompetenz-Management-Zyklus. Beim Prozessschritt „Entwicklung" geht es um die Festigung und die Verbesserung bestehender Kompetenzen sowie die Neuentwicklung, den Aufbau wie auch die Weiterentwicklung zukünftiger Kompetenzen sowie den dazugehörigen Aufbau- und Entwicklungsstrategien. Bei der „Integration" sind die materiellen und immateriellen Ressourcen so zu kombinieren und einzupassen, dass eine optimale Nutzung möglich wird. Die Phase der „Nutzung" ist gleichzusetzen mit der Abschöpfung in der Reifephase innerhalb eines Produktlebenszyklusmodells. In diesem Zeitraum werden die positiven Rückflüsse aus der Entwicklung und der Integration der Kernkompe-

---

[109] Vgl. Welge, M.K./Al-Laham, A. [2003]: Strategisches Management – Grundlagen, Prozess, Implementierung, 4. Auflage, Wiesbaden, S. 269ff.
[110] Vgl. Welge, M.K./Al-Laham, A. [2003]: Strategisches Management – Grundlagen, Prozess, Implementierung, 4. Auflage, Wiesbaden, S. 275ff.

tenzen erzielt. Im letzten Schritt gilt es, die bestehenden Kompetenzen auf neue Anwendungsfelder zu transferieren.

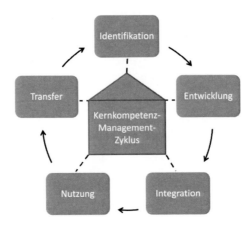

Abbildung 24: Prozess des Kernkompetenz-Managements, Quelle: Krüger (1997, S. 93).

Diese können dabei neue Produkte/Dienstleistungen im Stammmarkt (Produktentwicklung), neue Märkte (Kunden/Regionen) mit den Stammprodukten/-dienstleistungen (Marktentwicklung) oder vollkommen neue Geschäftsfelder (Diversifikation) beinhalten (siehe Abbildung 25).[111]

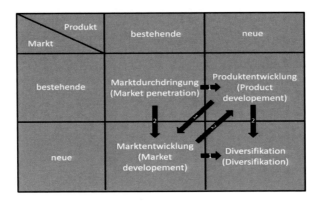

Abbildung 25: Die Produkt-Markt-Matrix, Quelle: Welge/Al-Laham (2003, S. 443) nach Ansoff (1988, S. 109).

Nachdem die kritischen Erfolgsfaktoren des Marktes („Outside-In"-Perspektive) analysiert und die Kernkompetenzen („Inside-Out"-Perspektive), mithilfe derer die Faktoren erfüllt werden sollen, erarbeitet wurden, sollten die eigenen Kompetenzen relativ zur Konkurrenz in einem Stärken- und Schwächen-Profil zusammengetragen werden. Daraus lassen sich anschließend die potenziellen

---

[111] Vgl. Welge, M.K./Al-Laham, A. [2003]: Strategisches Management – Grundlagen, Prozess, Implementierung, 4. Auflage, Wiesbaden, S. 277f.

Wettbewerbsvorteile ableiten. Es ist wieder anzumerken, dass nicht alle benötigten Daten, welche im Rahmen der Unternehmensanalyse über das eigene Unternehmen erarbeitet wurden, auch in gleichem Umfang von einem Konkurrenten ermittelt werden können. Jedoch sollten, wie bei der Konkurrenzanalyse bereits erwähnt, möglichst viele Daten der Konkurrenz gewonnen werden. Dabei können sich die Gründer den Medien und Informationsquellen bedienen, welche bereits im Kapitel 2.1.2.1.1.3 („Die Konkurrenzanalyse") erwähnt wurden. Durch die Erstellung eines Stärken- und Schwächen-Profils wird versucht, die größtenteils subjektiven Wertungen der Unternehmensanalyse zu versachlichen und die Annahmen wie auch die Bewertungskriterien transparent und vergleichbar zu machen. Für die praktische Erstellung des Profils können sich die Gründer an einem Punktwertmodell orientieren, in welchem zwischen strategischen Stärken, Schwächen und Basisanforderungen unterschieden wird (siehe Abbildung 57 im Anhang).[112]

2.1.2.1.3. Die strategischen Optionen

In diesem Kapitel geht es darum, die erarbeiteten Informationen aus der Umwelt- und der Unternehmensanalyse zusammenzuführen und daraus die strategischen Alternativen abzuleiten bzw. die gegenwärtige Strategie zu beurteilen und gegebenenfalls zu verändern (nur bei bereits bestehenden Unternehmen).[113] Die Planung beschäftigt sich mit Problemen im Allgemeinen. Hierbei kann zwischen strategischen und operativen Problemen unterschieden werden. Bei der GAP-Analyse wird von der strategischen oder operativen Lücke gesprochen. Die strategische Lücke spiegelt Effektivitätsprobleme (Wirksamkeit - Tue ich die richtigen Dinge.) und die operative Lücke Effizienzprobleme (Kosten-Nutzen-Relation - Tue ich die Dinge richtig.) wider. Somit lässt sich sagen, dass die operative Planung sich mit den Effizienzsteigerungen oder der Marktpenetration im Basisgeschäft (bestehende Produkte/Märkte) beschäftigt und die strategische Planung behandelt das „Neugeschäft" (Marktentwicklung, Produktent-

---

[112] Vgl. Welge, M.K./Al-Laham, A. [2003]: Strategisches Management – Grundlagen, Prozess, Implementierung, 4. Auflage, Wiesbaden, S. 288f.
[113] Vgl. Steinmann, H./Schreyögg, G. [2005]: Management – Grundlagen der Unternehmensführung, 6. Auflage, Wiesbaden, S.219.

wicklung und Diversifikation (siehe Abbildung 26)).[114] Im Rahmen der strategischen Optionen wird auf die drei Grundfragen der strategischen Planung (siehe Einleitung Kapitel 2.1.2.1 „Die strategische Planung") zurückgegriffen:

1. Welche Geschäftsfelder (Produkt-Markt-Kombination) sollen besetzt werden?
2. Wie soll der Wettbewerb in diesen Geschäftsfeldern betrieben werden (Wettbewerbsstrategie)?
3. Was ist langfristig die Erfolgsbasis (Kernkompetenz/en) des Unternehmens?

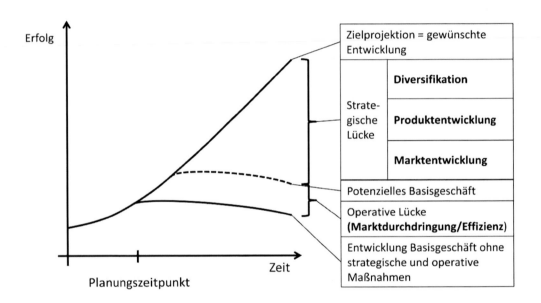

Abbildung 26: GAP-Analyse in Verbindung mit der Ansoff Matrix, Quelle: in Anlehnung an Bea/Haas (2005, S. 167).

Zu 1) Mit der ersten Frage beschäftigt man sich auf der Gesamtunternehmensebene. Bei dieser Frage hat die Unternehmensleitung die Aufgabe, eine Unternehmensstrategie festzulegen. Dabei wird zwischen der Wachstums-, der Stabilisierungs- und der Schrumpfungsstrategie unterschieden. Die Wachstumsstrategie unterscheidet noch einmal zwischen:

- Produkt-Markt-Strategien,
- lokale, nationale, internationale und globale Strategien sowie

---

[114] Vgl. Welge, M.K./Al-Laham, A. [2003]: Strategisches Management – Grundlagen, Prozess, Implementierung, 4. Auflage, Wiesbaden, S. 295f.

- Autonomie-, Kooperations- und Integrationsstrategien.[115]

Die Unternehmensleitung kann dabei z.B. auf Instrumente wie die Portfolio-Analyse, die Produkt-Markt-Matrix von Ansoff oder die GAP-Analyse in Verbindung mit der Produkt-Markt-Matrix zurückgreifen. Die meisten Unternehmensgründer bedienen in der Aufbau- und Wachstumsphase oft nur einen definierten Markt bzw. Märkte in der Nähe ihres Stammmarktes mit ihrem Produkt („Simfy"[116] bedient z.B. Deutschland, Österreich, Schweiz (DACH) und Belgien). Da die Aufbau- und Wachstumsphase mehrere Jahre in Anspruch nehmen kann, soll an dieser Stelle nicht weiter auf die Instrumente zur Festlegung von Unternehmensstrategien eingegangen werden.

Zu 2) Die Formung der Wettbewerbsstrategien erfolgt auf der Geschäftsbereichsebene. Hierbei sind viele Aspekte bedeutsam und beachtungsbedürftig. Jedoch sind vor der detaillierten Ausarbeitung der einzelnen Wettbewerbsstrategien drei Grundfragen diesbezüglich zu klären:[117]

1. „Wo soll konkurriert werden? (Ort des Wettbewerbs),
2. Nach welchen Regeln soll konkurriert werden? (Regeln des Wettbewerbs) und
3. Mit welcher Stoßrichtung soll konkurriert werden? (Schwerpunkt des Wettbewerbs)"[118].

Bei der Frage „Wo soll konkurriert werden?" gilt es die Breite des Zielmarktes festzustellen. Dabei ist festzustellen, ob das Unternehmen sich mit seinen Ressourcen auf den **ganzen Markt (Massenmarkt)** oder ein **sehr spezielles Segment (Nische)** konzentriert.[119] Zum Beispiel konzentrieren sich die Unternehmen „doo" und „smarchive", welche eine Do-

---

[115] Vgl. Bea, F. X./Haas, J. [2005]: Strategisches Management, 4. Auflage, Stuttgart, S. 168ff.
[116] Die „Simfy AG" bietet Musikfans einen Katalog mit über 18 Mio. Songs, welche sich die Kunden nicht mehr im Einzelnen herunterladen müssen sondern über die Internetverbindung aus der Datenbank von simfy direkt abspielen können.
[117] Vgl. Steinmann, H./Schreyögg, G. [2005]: Management – Grundlagen der Unternehmensführung, 6. Auflage, Wiesbaden, S.221.
[118] Steinmann, H./Schreyögg, G. [2005]: Management – Grundlagen der Unternehmensführung, 6. Auflage, Wiesbaden, S.221.
[119] Vgl. Steinmann, H./Schreyögg, G. [2005]: Management – Grundlagen der Unternehmensführung, 6. Auflage, Wiesbaden, S.221.

kumentenablage in der Cloud inklusive Zusatzdienstleistungen anbieten, auf den Massenmarkt. Dagegen konzentriert sich „Cosmopol" nur auf eine bestimmte Nische. Das Unternehmen verkauft Geschenkboxen mit Produkten bzw. ländertypische Artikel aus verschiedenen Reiseländern in den Bereichen „Kulinarisches", „Lifestyle", „Medien", „Spiel" und „Wohnen". Das Unternehmen ist zum einen hinsichtlich ihrer **Kundengruppe** und zum anderen hinsichtlich ihrer **Produktlinie** spezialisiert. Neben der Konzentration auf bestimmte Kundengruppen oder Produktlinien, können sich Gründer auch auf ein bestimmtes **geographisches Segment** konzentrieren. Bei der Konzentration auf eine Nische sind meist höhere Margen erzielbar, jedoch ist das Wachstum begrenzt, da z.B. die Kundengruppe nur eine bestimmte Größe aufweist.[120] Die nächste Frage befasst sich mit der Geschäftsfeldstruktur. An dieser Stelle müssen die Gründer festlegen, ob sie der Geschäftsfeldstruktur in der aktuellen Form folgen oder ob sie eine Änderung der Wettbewerbsregeln beabsichtigen. Es wird zwischen **dem „Rule taker", dem „Rule maker" und dem „Rule breaker"** unterschieden. Die „Rule taker" nehmen die aktuelle Struktur des Geschäftsfeldes an und versuchen sich innerhalb des Geschäftsfeldes optimal zu positionieren. Die „Rule maker" versuchen durch eine Veränderungsstrategie die Regeln des Marktes zu ihren Gunsten zu verändern. Dies geschieht meist durch Macht (z.B. Verkleinerung der Wettbewerberanzahl durch Übernahmen). Die „Rule breaker" versuchen durch eine innovative Umkehrung oder eine Neudefinition der Wettbewerbsfaktoren die Wettbewerbsregeln zu ändern. Solche Markt-Innovationsstrategien versuchen entweder die kritischen Erfolgsfaktoren neu zu gewichten oder neue Erfolgsfaktoren im Wettbewerb hinzuzufügen.[121] Als Beispiel für die **Neugewichtung** von Erfolgsfaktoren kann der Wandel vom dem stationären Einzelhandel zum Internethandel in bestimmten Bereichen (z.B. Unterhaltungselektronik) erwähnt werden. Als Beispiel für das **Hinzufügen neuer Erfolgsfaktoren** im Wettbewerb

---

[120] Vgl. Steinmann, H./Schreyögg, G. [2005]: Management – Grundlagen der Unternehmensführung, 6. Auflage, Wiesbaden, S.221.
[121] Vgl. Steinmann, H./Schreyögg, G. [2005]: Management – Grundlagen der Unternehmensführung, 6. Auflage, Wiesbaden, S.223.

kann das Unternehmen „EasyCard" genannt werden. Es vertreibt z.B. standardisierte Sach- und Personenversicherungen schnell und einfach mit Hilfe einer Plastikkarte über den stationären Handel oder ihren Online-Shop. Die letzte Frage beschäftigt sich mit dem Schwerpunkt des Wettbewerbs. Dabei wird zwischen der Kostenschwerpunkt- und der Leistungsdifferenzierungsstrategie unterschieden. Bei der **Kostenschwerpunktstrategie** soll der Wettbewerbsvorteil durch einen relativen Kostenvorsprung gegenüber den Konkurrenten erreicht werden. Der Kostenvorsprung kann z.B. über eine Volumenstrategie erzielt werden. Dabei orientiert man sich an der Aussage der „Erfahrungskurve", welche auf empirische Untersuchungen der „BCG" Mitte der 1960er Jahre zurückzuführen ist. Die „Erfahrungskurve" besagt, dass mit jeder Verdoppelung der kumulierten Produktionsmenge einer Produktart deren Stückkosten um 20 bis 30% sinken. Weiterhin wird angenommen, dass die Produktionsmenge der Absatzmenge entspricht. Daraus folgerte die „BCG", dass Unternehmen mit dem höchsten Marktanteil die höchste Produktionsmenge haben und dadurch mit den günstigsten Stückkosten produzieren. Jedoch können in vielen Branchen die möglichen Größenersparnisse bereits bei relativ kleinen Betriebsgrößen erreicht werden und bei einer weiteren Ausdehnung der Betriebsgröße kann sogar die Gefahr eines Größennachteils („Disconomies of Scale") entstehen.[122] Die Kostenminderungen müssen sich auf die gesamte Wertkette erstrecken.[123] Daher bildet den Anfang für die Ermittlung von den Möglichkeiten und den Grenzen einer Kostenschwerpunktstrategie die Wertkette nach Porter und die prozessorientierte Verteilung der Gesamtkosten auf die jeweiligen Wertaktivitäten. Hiernach sind die Kostentreiber (z.B. nach Porter: „Economies of Scale", Lerneffekte, Struktur der Kapazitätsauslastung, Verknüpfungen, Verflechtungen, Integration, Zeitwahl, Unternehmungspolitische Entscheidungen, Standort, außerbetriebliche Fakto-

---

[122] Vgl. Steinmann, H./Schreyögg, G. [2005]: Management – Grundlagen der Unternehmensführung, 6. Auflage, Wiesbaden, S.224ff.
[123] Vgl. Welge, M.K./Al-Laham, A. [2003]: Strategisches Management – Grundlagen, Prozess, Implementierung, 4. Auflage, Wiesbaden, S. 389.

ren[124]) zu identifizieren und Kostensenkungspotenziale innerhalb der Wertkette sowie zwischen den Lieferanten und den Abnehmern zu ermitteln (siehe z.B. Abbildung 27). Die Konsequenz dieser Analyse kann z.B. eine Neustrukturierung der Wertkette sein. Hierbei werden Kostenvorteile durch Verkürzung oder Verlängerung der Kette erreicht. Zu den möglichen Umstrukturierungsmaßnahmen zählen z.B. „strategische Allianzen" (Reduktion der Entwicklungskosten), „Outsourcing" (Auslagerung von Wertschöpfungsaktivitäten an externe Dienstleister oder Hersteller, welche das Produkt/die Dienstleistung zu einem geringerem Preis anbieten), Insourcing (Hereinnahme von Wertschöpfungsaktivitäten, wenn die eigenen Herstellungs- oder Eigenleistungskosten unter dem Marktpreis liegen) usw.[125]

Abbildung 27: Kostentreiber bei einem Hersteller langlebiger Konsumgüter, Quelle: Welge/Al-Laham (2003, S. 388) nach Porter (2003, S.120).

Hiernach ist mit der Kostenschwerpunktstrategie nicht die Vernachlässigung der Qualität oder anderer Differenzierungspunkte wie dem Service, dem After-Sales, dem Image etc. verbunden. Meist wird jedoch ein Standardgut mit einer durchschnittlichen Qualität und Gestaltung angeboten.

---

[124] Welge, M.K./Al-Laham, A. [2003]: Strategisches Management – Grundlagen, Prozess, Implementierung, 4. Auflage, Wiesbaden, S. 385ff.
[125] Vgl. Steinmann, H./Schreyögg, G. [2005]: Management – Grundlagen der Unternehmensführung, 6. Auflage, Wiesbaden, S.226ff.

Weiterhin bedeutet die Kostenschwerpunktstrategie auch nicht, dass ein Unternehmen Billiganbieter ist. Denn die im Vergleich zur Konkurrenz höhere Gewinnspanne wird dadurch erzielt, dass das Unternehmen ein Produkt mit gleicher Qualität nicht zu weit unter dem Branchendurchschnittspreis anbietet jedoch relativ zur Konkurrenz niedrigere Herstellungskosten hat. Daher kann die Kostenschwerpunktstrategie für Kunden auch unsichtbar sein.[126] Bei der **Leistungsdifferenzierungsstrategie** wird durch einen Besonderheitscharakter bei dem Produkt oder der Dienstleistung versucht einen Wettbewerbsvorteil gegenüber der Konkurrenz zu erreichen. Dabei kann z.B. ein besonderer Service, eine Qualitätsvariation, das Image etc. ein Besonderheitscharakter sein. Das Ziel der Differenzierung ist es die Preiselastizität der Nachfrage zu verringern (Preiselastizität der Nachfrage zwischen -1 und 0) und dadurch einen sogenannten monopolistischen Bereich zu schaffen (monopolistische Konkurrenz).[127] Dabei bewirkt eine Preisänderung im monopolistischen Bereich eine unterproportionale Mengenänderung (siehe Abbildung 28).

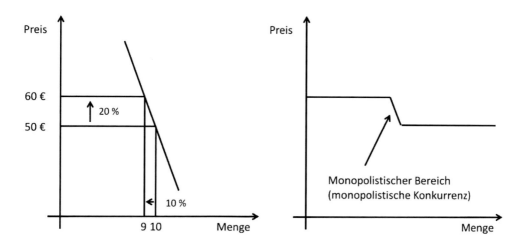

Abbildung 28: Unelastische Nachfrage und Preisabsatzfunktion mit monopolistischem Bereich, Quelle: in Anlehnung an Bea/Haas (2005, S. 186).

Bei der Differenzierungsstrategie wird zwischen

---

[126] Vgl. Steinmann, H./Schreyögg, G. [2005]: Management – Grundlagen der Unternehmensführung, 6. Auflage, Wiesbaden, S.224.
[127] Vgl. Bea, F. X./Haas, J. [2005]: Strategisches Management, 4. Auflage, Stuttgart, S. 186 sowie Steinmann, H./Schreyögg, G. [2005]: Management – Grundlagen der Unternehmensführung, 6. Auflage, Wiesbaden, S.226ff.

- der Senkung der Nutzungskosten und
- der Steigerung des Nutzungswertes unterschieden.[128]

Bei der Senkung der Nutzungskosten werden die Gesamtkosten eines Produktes betrachtet. Man nimmt in Kauf einen einmalig höheren Preis zu bezahlen, wenn dadurch die Anlaufkosten (Beratung, Anpassung) bzw. Folgekosten (Reparatur, Instandhaltung) deutlich geringer ausfallen als beim Konkurrenzprodukt. Hierbei fallen ganzheitlich gesehen über die gesamte Lebensdauer des Produktes geringere Kosten an als beim Konkurrenzprodukt (Gesamtkosten eigenes Produkt < Gesamtkosten Konkurrenzprodukt bei Einmalkosten eigenes Produkt > Einmalkosten Kosten Konkurrenzprodukt). Man spricht dabei auch von „Total Cost of Ownership" (TCO).[129] Bei der Steigerung des Nutzwertes wird versucht einen Zusatznutzen zu schaffen. Dabei muss der zusätzlich angebotene Nutzen für den Kunden bedeutend sein und von ihm auch wahrgenommen werden.[130] An dieser Stelle wird noch einmal zurückverwiesen auf die „Outside-In"-Perspektive der Unternehmensanalyse. Ein weiteres Erfolgsmerkmal für eine Differenzierungsstrategie ist die Imitations- bzw. die Substitutionsresistenz. Dabei sind der Pioniervorteil, der Schutz durch die Verfügungsrechte (Patente, Lizenzen, Marken, Copyright etc.), „Differenzierungs-Eintrittsbarrieren" (wie z.B. Kundenloyalität, Werbeaufwand etc.) bedeutende Faktoren.[131] In den meisten Businessplänen im E-Business-Bereich wird der Fokus auf die Leistungsdifferenzierung gelegt. Die Idee dabei ist, dem Kunden durch ein bestimmtes Alleinstellungsmerkmal beim eigenen Produkt eine Leistungsdifferenzierung gegenüber der Konkurrenz zu erzeugen. Ein Beispiel dafür wäre die simfy AG aus Köln. Sie bietet Musikfans einen Katalog mit über 18 Mio. Songs, welche sich die Kunden nicht mehr im Einzelnen herunterladen müssen

---

[128] Vgl. Steinmann, H./Schreyögg, G. [2005]: Management – Grundlagen der Unternehmensführung, 6. Auflage, Wiesbaden, S.229.

[129] Vgl. Steinmann, H./Schreyögg, G. [2005]: Management – Grundlagen der Unternehmensführung, 6. Auflage, Wiesbaden, S.230.

[130] Vgl. Steinmann, H./Schreyögg, G. [2005]: Management – Grundlagen der Unternehmensführung, 6. Auflage, Wiesbaden, S.230ff.

[131] Vgl. Steinmann, H./Schreyögg, G. [2005]: Management – Grundlagen der Unternehmensführung, 6. Auflage, Wiesbaden, S.232.

sondern über die Internetverbindung aus der Datenbank von simfy direkt abspielen können. Abschließend lässt sich die grundlegende Wettbewerbsstrategie eines Unternehmens in einem dreidimensionalen Würfel bildlich darstellen (siehe Abbildung 29).

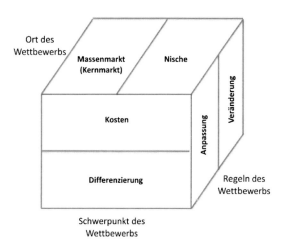

Abbildung 29: Der strategische Würfel, Quelle: Vgl. Steinmann/Schreyögg (2005, S. 234).

Zu 3) Nachdem die grundlegende dreidimensionale strategische Richtung festgelegt wurde, geht es an die Detaillierung der Strategie. Dabei muss auf die Ergebnisse der Umwelt- und der Unternehmensanalyse zurückgegriffen werden. Im Rahmen einer SWOT[132]-Analyse gilt es, Strategien aus den Stärken und Schwächen (Unternehmen) sowie den Chancen und Risiken (Umwelt) abzuleiten (siehe Abbildung 30). Dabei ist auch im Einzelnen zu bestimmen welche der einzelnen Stärken oder Schwächen auf die jeweiligen Chancen oder Risiken wirken (z.B. S1 auf O2) und welche Geschäftsbereichsstrategie daraus abgeleitet werden kann.[133]

---

[132] SWOT ist ein Akronym für Strengths, Weaknesses, Opportunities und Threats.
[133] Vgl. Macharzina, K./Wolf, J. [2010]: Unternehmensführung – Das internationale Managementwissen, 7. Auflage, Wiesbaden, S. 342.

	Stärken/ Strengths (S) 1. 2. 3. Auflisten der 4. Stärken 5. 6. 7. 8.	Schwächen/ Weaknesses (W) 1. 2. 3. Auflisten der 4. Schwächen 5. 6. 7. 8.
Chancen/ Opportunities (O) 1. 2. 3. Auflisten der 4. Chancen 5. 6. 7. 8.	SO-Strategien 1. 2. 3. Einsatz von Stärken 4. zur Nutzung von 5. Chancen 6. 7. 8.	WO-Strategien 1. 2. 3. Überwindung der 4. Eigenen Schwächen 5. durch Nutzung von 6. Chancen 7. 8.
Bedrohungen (Risiken)/ Threats (T) 1. 2. 3. Auflisten der 4. Risiken 5. 6. 7. 8.	ST-Strategien 1. 2. 3. Nutzen der eigenen 4. Stärken zu Abwehr von 5. Risiken 6. 7. 8.	WT-Strategien 1. 2. 3. Einschränkung der 4. eigenen Schwächen 5. und Vermeidung von 6. Risiken 7. 8.

Abbildung 30: SWOT-Analyse, Quelle: Vgl. Macharzina/Wolf (2010, 343).

Um die SWOT-Analyse besser zu veranschaulichen, befindet sich eine Beispielmatrix der SWOT-Analyse im Anhang (siehe Abbildung 58).

Um eine Schnittstelle zwischen der Strategie und der operativen Umsetzung zu erzeugen, können auf den Funktionsbereichsebenen detailliertere Strategien für die einzelnen Funktionsbereiche festgelegt werden. Es wird meist zwischen

- Beschaffungsstrategien,
- Produktionsstrategien,
- Marketingstrategien,
- Finanzierungsstrategien,
- Personalstrategien und
- Technologiestrategien unterschieden.

Die Funktionsbereichsstrategien bilden den Rahmen für die Ausarbeitung der funktionalen Aktionsprogramme (z.B. Marketing-Mix, F&E-Programme, Produktionsprogramme etc.).[134]

2.1.2.2. Die operative und taktische Planung

Werden im Rahmen der strategischen Planung Funktionsbereichsstrategien als Schnittstelle zwischen der Strategie und der operativen Planung festgelegt, dann sollten die leitenden Mitarbeiter der einzelnen Funktionsbereiche bei der Formulierung, der Bewertung und der Entscheidung über die Funktionsbereichsstrategien von Anfang an eingebunden werden (fördert die Motivation der Mitarbeiter). Die einzelnen Funktionsbereichsstrategien stecken dabei den Rahmen für die Ausarbeitung der funktionalen Aktionsprogramme (z.B. Marketing-Mix, F&E-Programme, Produktionsprogramme etc.) im Rahmen der taktischen und operativen Planung ab. Bevor auf die taktische und operative Planung im Detail eingegangen wird, soll zunächst auf die Merkmale der taktischen und operativen Planung eingegangen werden. Es kann zwischen der Standard- und der Projektplanung unterschieden werden. Die Standardplanung befasst sich mit der Verwirklichung der laufenden Strategie, also dem gegebenen Produkt-Markt-Konzept. Wogegen sich die (strategische) Projektplanung im taktisch-operativen System mit mehr oder weniger langfristigen Änderungen des Produktmarktkonzeptes beschäftigt. Beispielsweise ist dabei an die Weiter- oder die Neuentwicklung von Produkten oder die Ausweitung des Marktradius zu denken. Ferner gibt es neben den strategischen Projekten auch operative Projekte, welche sich mit den Voraussetzungen für die Realisierung der laufenden Strategie beschäftigen (z.B. dem Neubau eines effizienteren Lagers (E-Commerce), PR- oder Marketing-Kampagne zur Steigerung des Bekanntheitsgrades etc.) oder kurzfristig erforderliche Maßnahmen zur Existenzsicherung (z.B. PR-Kampagne zur Verbesserung des angeschlagenen Ansehens eines Unternehmens in der Umwelt). Bei der operativen Planung wird zum einen der Realgüterprozess (benötigte Faktormengen der betrieblichen Funktionsberei-

---

[134] Vgl. Bea, F. X./Haas, J. [2005]: Strategisches Management, 4. Auflage, Stuttgart, S. 188f. sowie Welge, M.K./Al-Laham, A. [2003]: Strategisches Management – Grundlagen, Prozess, Implementierung, 4. Auflage, Wiesbaden, S. 408ff.

che) und zum anderen der Wertumlaufprozesses (monetäre Auswirkungen des Realgüterprozesses) geplant.[135] Je nachdem wie die Aufbauplanung (hierzu später mehr in Kapitel 2.2) innerhalb eines Unternehmens aussieht, gibt es unterschiedliche Funktionsbereiche. Jedoch lassen sich in jedem Unternehmen gewisse Grundfunktionen, welche in jedem Unternehmen vorherrschen, unterscheiden: Forschung und Entwicklung, Beschaffung (vor allem Personalbeschaffung), Produktion bzw. im Bereich E-Business „Operations" sowie Marketing und Vertrieb. Es ist auch zu beachten, dass in den verschiedenen Phasen des Produktlebens unterschiedliche Tätigkeiten und unterschiedliche Schwerpunkte bei den Funktionsbereichen anfallen (siehe Abbildung 31).

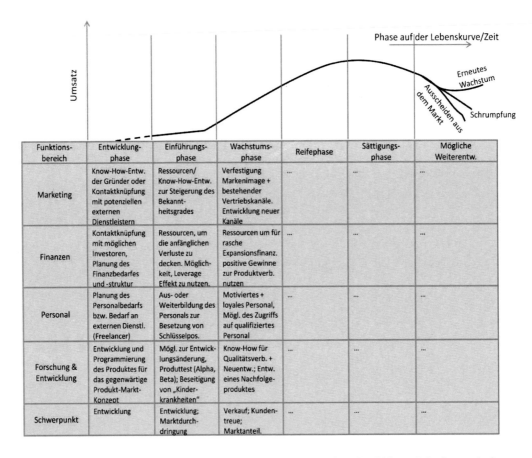

Abbildung 31: Funktionsbereichsbezogene Schwerpunkte in Abhängigkeit zur Lebenszyklusphase; Quelle: in Anlehnung an Welge/Al-Laham (2003, S. 241).

---

[135] Vgl. Steinmann, H./Schreyögg, G. [2005]: Management – Grundlagen der Unternehmensführung, 6. Auflage, Wiesbaden, S.305ff.

Dies sollte bei der Planung des Realgüterprozesses innerhalb der einzelnen Funktionsbereiche Berücksichtigung finden. Da die Teilpläne der Funktionsbereiche wechselseitig voneinander abhängig sind, müsste die Planung der einzelnen Teilpläne simultan vorgenommen werden. Dies ist jedoch aufgrund der zu erwartenden Komplexität eines solchen Totalmodells nicht möglich. Daher tritt anstelle der Simultanplanung die stufenweise Planung mit Rückkopplungsschleifen. Hierbei muss zunächst der Funktionsbereich ermittelt werden, welcher wahrscheinlich den Engpass bildet. Durch den steigenden Wohlstand in Deutschland und in weiteren Industriestaaten, hat sich daher im Laufe der Zeit ein Übergang vom Verkäufer- zum Käufermarkt vollzogen. Aufgrund dieser Tatsache wird heutzutage der Engpass beim Absatz gesehen und deshalb wird der Funktionsbereich „Marketing und Vertrieb" zuerst geplant.[136] Der Funktionsbereich „Marketing und Vertrieb" setzt an der Marktsegmentierung aus der strategischen Planung an, welcher das Marktpotenzial des relevanten Marktes bildet. Im Rahmen des sogenannten „Marketing-Mix" werden die vier P`s (Produkt, Price, Place, Promotion) festgelegt, welche dann das Handlungsprogramm zur Vermarktung des Produktes bilden. Das Handlungsprogramm bestimmt zusammen mit weiteren Determinanten (z.B. Konjunkturlage, Geschäftsfeldstruktur etc.) die kurzfristig absetzbaren Mengen des Produktes (eine detailliertere Beschreibung hierzu folgt in Kapitel 2.3).[137] Im Rahmen der strategischen Planung wurden bei der „Outside-In" Perspektive der Unternehmensplanung (siehe hierzu Kapitel 2.1.2.1.2) die subjektiv wahrgenommene Kaufentscheidungsgrößen bzw. die Produkt-Features ermittelt, welche das Produkt für die potenziellen Käufer attraktiv machen. Nach der Ermittlung der Kaufentscheidungsgrößen bzw. der Produkt-Features aus der Befragung müssen diese durch die Forschung und Entwicklung (F&E) in ein konkretes Produkt umgesetzt werden (Programmierung des Produktes). Bei der F&E-Planung sollte berücksichtigt werden, dass nach der Fertigstellung des Produktes weniger Entwickler benötigt werden. Dies ist vor allem darauf zurückzuführen, dass die technische Unterhaltung des Produktes deutlich weniger personelle Ressourcen in Anspruch

---

[136] Vgl. Steinmann, H./Schreyögg, G. [2005]: Management – Grundlagen der Unternehmensführung, 6. Auflage, Wiesbaden, S.315ff.
[137] Vgl. Steinmann, H./Schreyögg, G. [2005]: Management – Grundlagen der Unternehmensführung, 6. Auflage, Wiesbaden, S.311f.

nimmt als die Entwicklung (Programmierung) des Produktes. Vor diesem Hintergrund sollte auch überlegt werden, ob nicht ein Teil der Entwickler z.B. als Freelancer für eine bestimmte Zeit in das Unternehmen geholt werden. Müssen jedoch weitere Produkte programmiert werden (wie z.B. bei dem Unternehmen 6Wunderkinder: erstes Produkt „Wunderlist" – cloudbasierter Task-Manager für Windows, Mac, iPhone, iPad, Android; zweites Produkt „Wunderkit" – Projekt-Organisations-Tool zur Organisation privater oder geschäftlicher Projekte), dann sollten die Entwickler als eine Kernressource angesehen und eher als fest angestellte Mitarbeiter beschäftigt werden. Kommen wir nun zur Planung des „Operations"-Bereiches. Dabei müssen die Ressourcen für die laufenden Tätigkeiten geplant werden. Je nach Geschäftsmodell und Unternehmen fallen hierbei unterschiedliche Tätigkeiten an, welche unterschiedlicher Ressourcen bedürfen. Als Beispiel wird hier die Guiders GmbH herangezogen. Diese vermittelt „Outdoor"-Touren und -Reisen zwischen Reisekunden/Touristen (Tourer) und Reiseführern (Guides). Nach meiner Auffassung fallen bei der Guiders GmbH unter anderem folgende laufende Tätigkeiten an:

- Pflege des Portals,
- Content-Generierung und –Pflege (Pflege und Überprüfung der Kundenbewertungen und Guides-Profile),
- Kundenservice/-Support für Guides und Tourer,
- Prüfung der Guides zur Vergabe des Guiders-Zertifikates,
- Pflege der Kundendatenbank und
- Kundenabrechnung (Abrechnung der monatlichen Profilgebühren und der Vermittlungsprovision, Überprüfung des Zahlungseingangs und Weiterleitung der übermittelten Zahlung durch den Kunden an den Guide (abzüglich Provision)).

Dabei müsste gegebenenfalls eine Rückkopplung an den F&E-Bereich geschehen, um prüfen zu lassen, ob gewisse Tätigkeit im Rahmen der Programmierung des Portals automatisiert werden können. Für alle manuell anfallenden Tätigkeiten müssten entweder Mitarbeiter eingestellt oder die Tätigkeiten an externe Dienstleister outgesourct werden. Die Frage, ob Mitarbeiter eingestellt oder die Tätigkeiten an externe Dienstleister outgesourct werden, ist abhängig von den Kosten und der Qualität der Eigen- bzw. Fremdleistung sowie der Überlegungen, ob die Tätigkeit als eine Basis- oder Kernkompetenz eingestuft wird. Im Bereich „Beschaffung" laufen die geplanten Faktormengen aus den anderen Bereichen zusammen. Hierbei sollte zwischen der Beschaffung von der Betriebs- und der Geschäftsausstattung sowie der Personalbeschaffung unterschieden werden. Zur Betriebs- und Geschäftsausstattung gehören z.B. Büroeinrichtungen, eventuell Server (es sei den man mietet Serverkapazitäten an) etc. Die Personalbeschaffung wäre dafür zuständig, dass das Personal bzw. die externen Dienstleister in der benötigten Quantität und mit den benötigten Qualifikationen angeworben werden. Zur Optimierung des Realgüterprozesses werden verschiedene Optimierungsmethoden (u.a. die Computersimulation, Lagerhaltungsmodelle, lineare Programmierung und Netzwerktechnik) angewendet.[138] Meiner Ansicht nach ist die Netzwerk- bzw. Netzplantechnik als prognostizierendes Modell sehr gut dafür geeignet, die operative Planung eines Start-Ups abzubilden. Denn im Gegensatz zu den anderen Optimierungsmodellen versucht die Netzwerk- bzw. Netzplantechnik eine Entscheidung nicht zu optimieren, sondern ein Problem zu strukturieren mit dem Ziel, das Zusammenwirken der Elemente eines Systems im Zeitablauf aufzuzeigen und zu interpretieren („Situationsaufhellung"). Durch die Variation einzelner oder mehrerer Elemente innerhalb des Netzplans lassen sich unterschiedliche Gesamtergebnisse erzeugen, welche dann die alternativen Handlungsweisen bilden und dadurch versuchen, das Gesamtergebnis zu optimieren. Diese lassen sich im Rahmen des Entscheidungsprozesses hinsichtlich der angestrebten Zielgröße bewerten.[139] Zugleich wird davon ausgegangen, dass viele Gründer, mit vorheriger Berufserfahrung (vor allem Projekterfahrung), die Netzwerk- bzw. Netzplantechnik beherrschen. Nachdem der Realgüterprozess geplant wurde, muss der Wertumlaufprozess geplant werden. In der Einleitung des Kapitels 2 wurde bereits erwähnt, dass jedes Unternehmen Mindestziele wie **„Wahrung des**

---

[138] Vgl. Steinmann, H./Schreyögg, G. [2005]: Management – Grundlagen der Unternehmensführung, 6. Auflage, Wiesbaden, S.390f.
[139] Vgl. Steinmann, H./Schreyögg, G. [2005]: Management – Grundlagen der Unternehmensführung, 6. Auflage, Wiesbaden, S.345ff.

ständigen finanziellen Gleichgewichts"[140] (Liquiditätsziel) und „Sicherung einer Mindesteigenkapitalrendite" (Erfolgsziel) verfolgt. Diese werden im Rahmen der Bilanzierung (externes Rechnungswesen), der Erfolgsrechnung (die Gewinn- und Verlustrechnung (externes Rechnungswesen) und die Kosten- und Erlösrechnung (internes Rechnungswesen)) sowie der Finanzrechnung kontrolliert. Der Zusammenhang zwischen den einzelnen Teilbereichen des Rechnungswesens lässt sich anhand des sogenannten FBE[141]-System (siehe Abbildung 59 im Anhang) erklären. Um die Kontrolle durchführen zu können, bedarf es immer Sollgrößen. Die Aufgabe der Kontrolle ist es nämlich die Abweichung zwischen den Soll- und den IST-Größen zu bestimmen und diese auszuwerten. Daher müssen bei der Planung des Wertumlaufprozesses eine Finanzplanung, eine Planbilanz und eine Planerfolgsrechnung aufgestellt werden. Da der Wertumlaufprozess zwischen den drei Wertebenen unterscheidet, werden bei den einzelnen Ebenen verschiedene Begrifflichkeiten verwendet (siehe Abbildung 32).

Finanzbuchhaltung (externes Rechnungswesen)			Betriebsbuchhaltung (internes Rechnungswesen)
Finanzplan	Planbilanz	Plan-Gewinn und Verlustrechnung	Betriebsergebnisplanung
Zukünftige Einzahlungen - Zukünftige Auszahlungen = zukünftiger Zahlungsüberschuss (Cash-Flow)	• Informiert über zukünftige Vermögens- und Kapitalstruktur • Einnahmen = Forderungen • Ausgaben = Schulden • Der Endbestand der Finanzplanung (Cash-Flow) wird auf der Aktiva abgebildet • Gewinn/Verlust wird auf der Passiva (unter Eigenkapital) abgebildet	Zukünftige Erträge - Zukünftige Aufwendungen = zukünftiger Gewinn/Verlust (Eigenkapitalmehrung/-minderung)	Zukünftige Erlöse (Leistungen) - Zukünftige Kosten = zukünftiges Betriebsergebnis

Abbildung 32: Begriffe des Rechnungswesen, Quelle: eigene Darstellung, Daten entnommen aus Olfert (2010, S. 33ff.).

---

[140] **Die Zahlungsunfähigkeit (§17 Insolvenzordnung (InsO)) und die drohende Zahlungsunfähigkeit (§ 18 InsO) sind Insolvenztatbestände, welche für Einzelunternehmen, Personen- und Kapitalgesellschaften gelten.**
[141] FBE ist ein Akronym für Finanz-, Bilanz- und Erfolgsrechnung.

Die Ein- und die Auszahlungen (Zahlungsströme) geben die Veränderung des Bestandes an den Zahlungsmitteln (Bargeld/Buchgeld) an. Die Einnahmen und die Ausgaben (Bestände/Bestandsdifferenzen) entwickeln sich aus den schuldrechtlichen Verpflichtungen (z.B. Kaufvertrag). Dabei erfolgt zum Zeitpunkt des Vertragsabschlusses noch keine Ein- oder Auszahlung, sondern folgt zu einem im Vertrag festgelegten späteren Zeitpunkt.[142] Bei der Finanzplanungsrechnung wird zwischen der Liquiditätsplanung (Zahlungsströme) sowie der Kapitalbindungsplanung/Kapitalbedarfsplanung (Bestände/Bestanddifferenzen) unterschieden. Die Liquiditätsplanung unterteilt sich in **tägliche Liquiditätsdisposition** (Planungszeitraum: eine Woche bis ein Monat; Planungseinheit: Tag; Recheneinheit: Zahlungsströme) und **Finanzplanung im engeren Sinn** (Planungszeitraum: bis ein Jahr; Planungseinheit: Woche oder Monat; Recheneinheit: Zahlungsströme).[143] Die Finanzplanung unterteilt die Ein- und die Auszahlungen noch einmal nach ihrer Herkunft. Es wird unterschieden zwischen den Ein- und den Auszahlungen der laufenden Geschäftätigkeit, der Investitionstätigkeit und der Finanzierungstätigkeit. Dabei zeigt der Cash-Flow aus der laufenden Geschäftätigkeit (Saldo der Ein- und Auszahlungen der laufenden Geschäftätigkeit) das Innenfinanzierungspotenzial bzw. die Innenfinanzierungslücke an. Der Cash-Flow aus der Investitionstätigkeit bildet die Investitionen bzw. die Desinvestitionen (Abgänge bzw. Zugänge im Anlagevermögen) innerhalb des Unternehmens ab. Ist der Saldo aus den ersten beiden Cash-Flow-Tätigkeiten negativ (Unterdeckung), dann muss überlegt werden, wie die Lücke gedeckt werden kann. In Bezug darauf kann überlegt werden, ob die Investitionen zurückgestellt werden können oder ob die Lücke durch die Finanzierung von außen (Eigen- oder Fremdkapital; positiver Cash-Flow aus der Finanzierungstätigkeit) gedeckt wird. Der positive Cash-Flow aus der Finanzierungstätigkeit in der einen Periode führt wiederum zu einem negativen Cash-Flow in den Folgeperioden (z.B. durch Tilgung der Kredite, Dividendenzahlung etc.). Ist der Saldo aus den ersten beiden Cash-Flow-Tätigkeiten jedoch positiv (Überdeckung), dann muss überlegt werden, ob der Überschuss zur Kapitalrückführung (Dividende, Außerordentliche Tilgung etc.) verwendet oder in liquide Mittel

---

[142] Vgl. Olfert, K. [2010]: Kostenrechnung, 16. Auflage, Herne, S.33f.
[143] Vgl. Perridon, L./Steiner, M. [1999]: Finanzwirtschaft der Unternehmung, 10. Auflage, München, S. 601ff.

(Bar- und Buchgeld sowie schnell liquidierbare Vermögensgegenstände wie z.B. Wertpapiere, Tagesgeld etc.) angelegt wird.[144] Im Gegensatz zur Liquiditätsplanung sichert die Kapitalbindungsplanung/Kapitalbedarfsplanung nicht die tägliche Zahlungsfähigkeit, sondern zeigt eher den zukünftigen Kapitalbedarf bzw. die zukünftige Kapitalbindung auf. Hierbei werden meist die Bilanzbestände bzw. die Bestandsdifferenzen in der Bilanz herangezogen (Planungszeitraum: mehrere Jahre; Planungseinheit: Jahr; Recheneinheit: Bilanzbestände).[145] Die Planbilanz informiert den Leser über die zukünftige Mittelverwendung (Aktiva) und die Mittelherkunft (Passiva). Hierbei zeigt die Aktivseite an, in welche Vermögenswerte (Anlage- oder Umlaufvermögen) die Mittel investiert wurden und die Passivseite zeigt die Kapitalstruktur (Eigen- bzw. Fremdkapital) an, mit welcher das Vermögen finanziert wird (siehe Abbildung 33).[146]

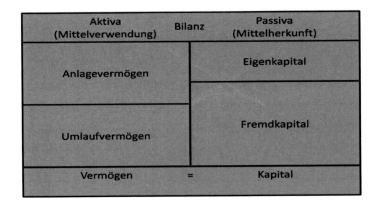

Abbildung 33: Grundaufbau einer Bilanz, Quelle: Vgl. Schierenbeck (2003, S. 519).

Bei der Erstellung von Businessplänen wird die Finanzplanung im engeren Sinne meist auf bis zu fünf Jahre erweitert, jedoch in einer weniger detaillierten Form (siehe hierzu z.B. das Tool für die Fünf-Jahres-Planung im Rahmen des NUK-Businessplanwettbewerbes[147]) und es muss keine Planbilanz erstellt werden. Jedoch ist meiner Ansicht nach die Erstellung einer Planbilanz, wenn auch nicht im Voraus für fünf Jahre, Pflicht, da zum einen verschiedene Kennziffern

---

[144] Vgl. Perridon, L./Steiner, M. [1999]: Finanzwirtschaft der Unternehmung, 10. Auflage, München, S. 625ff.
[145] Vgl. Perridon, L./Steiner, M. [1999]: Finanzwirtschaft der Unternehmung, 10. Auflage, München, S. 601ff.
[146] Vgl. Weber, J./ Weißenberger, B. E. [2006]: Einführung in das Rechnungswesen – Bilanzierung und Kostenrechnung, 7. Auflage, Stuttgart, S. 8f.
[147] Das Tool für die Fünf-Jahres-Planung ist zu finden unter:
http://www.neuesunternehmertum.de/wp-content/uploads/2011/10/Fuenf-Jahres-Planung.xls
(Die Verwendung dieses Tools ist frei, sofern es nicht kommerziell genutzt wird!).

nur mithilfe der Bilanz zu ermitteln sind wie z.B. Rentabilitätskennziffern (Eigenkapital- und Gesamtkapitalrentabilität), Verschuldungsgrad, Liquiditätsgrade, Anlagendeckungsgrade etc. und zum anderen kann im Rahmen einer Planbilanzerstellung auch geprüft werden, ob das Unternehmen überschuldet sein wird. Ist eine **Überschuldung**[148] bekannt, dann kann auch gegengesteuert werden (z.B. Zuschuss von frischem Eigenkapital durch Eigentümer, stille Gesellschafter etc.). Die Ermittlung der Eigen- und Fremdkapitalrentabilität sowie des Verschuldungsgrades ist auch von enormer Bedeutung, da dadurch eine Leverage-Chance bzw. ein Leverage-Risiko ermittelt werden kann. Auf den Leverage-Effekt soll später im Kapitel 0 eingegangen werden. Zuletzt gilt es die Erfolgsrechnung zu planen. Dabei wird zwischen der externen Erfolgsrechnung (Gewinn- und Verlustrechnung (GuV)) und der internen Erfolgsrechnung (Kosten- und Leistungsrechnung) unterschieden. Beide Erfolgsrechnungen verwenden unterschiedliche Begrifflichkeiten und verfolgen unterschiedliche Ziele bzw. haben unterschiedliche Aufgaben. Die Begrifflichkeiten „Erträge und Aufwendungen" werden bei der Gewinn- und Verlustrechnung und „Erlöse und Kosten" werden bei der Kosten- und Erlös(Leistungs-)rechnung verwendet. Die Aufwendungen und die Erträge stellen den Werteverzehr für die Güter und die Dienstleistungen bzw. den Wertzuwachs der erstellten Güter und Dienstleistungen, basierend auf den gesetzlichen Vorschriften (pagatorische Betrachtung), dar und bilden eine (Rein-)Vermögensänderung. Die Erlöse und die Kosten stellen den Verbrauch bzw. die Erstellung von den Gütern und den Dienstleistungen dar, welche betriebsbedingt sind und im Wertansatz keinen gesetzlichen Bestimmungen unterliegen, sondern entsprechend dem Zweck der Kostenrechnung bestimmt werden.[149] Die Plan-GuV soll zunächst einmal Strukturaussagen über das Zustandekommen des Erfolgs einer Unternehmung liefern (Aufteilung des Gesamtertrags bzw. Gesamtaufwandes auf die einzelnen Ertrags- und Aufwandsarten). Weiterhin soll die Plan-GuV neben den Strukturaussagen wichtige Informationen über die Rentabilitätssituation des Unternehmens liefern. Im Gegensatz dazu liefert die Kosten- und Erlösrechnung nicht nur periodenbe-

---

[148] **Überschuldung ist neben der Zahlungsunfähigkeit (§17 Insolvenzordnung (InsO) und der drohenden Zahlungsunfähigkeit (§ 18 InsO) ein dritter Insolvenztatbestand (§ 19 InsO), welcher nur für Kapitalgesellschaften (UG, GmbH, AG etc.) und für Personengesellschaften ohne persönlich haftenden Gesellschafter (z.B. GmbH & Co. KG) gilt.**
[149] Vgl. Olfert, K. [2010]: Kostenrechnung, 16. Auflage, Herne, S.35ff.

zogene und strukturbezogene sondern auch stückbezogene Aussagen.[150] Hierdurch wird eine Kalkulation der betrieblichen Leistungen ermöglicht.[151] Der Zusammenhang bzw. Unterschied zwischen den Aufwendungen und den Kosten lässt sich anhand der Abbildung 34 besser veranschaulichen. Spiegelbildlich kann diese Grafik auch auf die Erträge und die Erlöse angewendet werden.

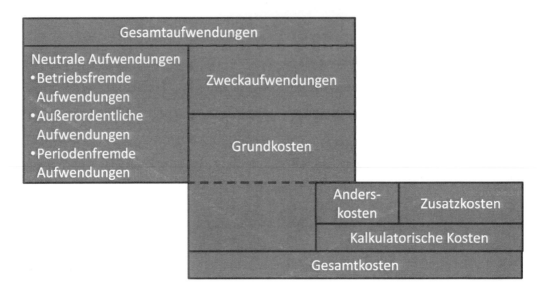

Abbildung 34: Zusammenhang bzw. zwischen Aufwand und Kosten, Quelle: Vgl. Olfert (2010, S. 35ff. und 106).

Im Rahmen der Finanzbuchhaltung (GuV) gibt es Aufwendungen, welche betriebsfremd, außergewöhnlich und periodenfremd sind (Neutrale Aufwendungen). Außerdem gibt es betriebsbedingte Aufwendungen (Zweckaufwendungen). Darüber hinaus gibt es aufwandsgleiche Kosten (Grundkosten) und aufwandslose Kosten (kalkulatorische Kosten). Als kalkulatorische Kosten werden in der Praxis die kalkulatorischen Abschreibungen, Zinsen, Wagnisse, Mieten und der kalkulatorische Unternehmerlohn angesetzt. An dieser Stelle sind die Zusatzkosten die aufwandlosen Kosten wie z.B. der kalkulatorische Unternehmerlohn bei einer Personengesellschaft, da der Unternehmerlohn bei den Personengesellschaften als ein nicht abzugsfähiger Aufwand gilt. Die Anderskosten sind Kosten denen ein Aufwand in einer anderen Höhe gegenübersteht. Zum Beispiel muss die Finanzbuchhaltung die Abschreibung mit 15.000 € und die

---

[150] Vgl. Steinmann, H./Schreyögg, G. [2005]: Management – Grundlagen der Unternehmensführung, 6. Auflage, Wiesbaden, S.313f.
[151] Vgl. Haberstock, L [2007]: Kostenrechnung, 10. Auflage, Berlin, S. 1.

Betriebsbuchhaltung kann diese mit 18.000 € ansetzen. Dabei bilden 15.000 € die aufwandsgleichen Grundkosten und die weiteren 3.000€ bilden die aufwandslosen Anderskosten.[152] Da die Kosten- und die Erlösrechnung nur bei Mehrproduktunternehmen einen Mehrwert gegenüber der GuV bildet und beim Tool für die Fünf-Jahres-Planung im Rahmen des NUK-Businessplanwettbewerbes nur die Gewinn- und Verlustrechnung gefordert wird, soll an dieser Stelle nicht weiter auf die Kosten- und die Erlösrechnung eingegangen werden. Es wurde bereits erwähnt, dass bei der Erstellung eines Businessplans meistens eine Fünf-Jahres-Planung erarbeitet werden muss. Da die operative Planung nur einen Zeitraum von einem Jahr abdeckt und die strategische Planung auf einen Zeitraum von über fünf Jahren gerichtet ist, muss die Planungslücke durch die sogenannte taktische Planung geschlossen werden. Diese ist für die mittelfristige Planung (zwei bis fünf Jahre) zuständig. Dabei werden die Kapazitäten bzw. die Kapazitätsveränderungen der Funktionsbereiche, ausgehend von der operativen Jahresplanung und mit der Zielausrichtung auf die Strategie und die Vision, festgelegt.[153] Die Gründer können sich unter anderem an Wachstumsraten, Relationen und Annahmen bedienen. Bei der Absatzplanung kann unter Zuhilfenahme von den Wachstumsraten (z.B. Wachstumsraten ähnlicher Produkte) die Entwicklung des Absatzes prognostiziert werden. Ausgehend vom Absatz bzw. Umsatz können unter Zuhilfenahme von Relationen und Annahmen die Planungen für die Funktionsbereiche F&E, Operations und Beschaffung vorgenommen werden (z.B. soll im ersten Jahr mit fünf Vertrieblern ein Umsatz von 100.000€ generiert werden -> Aufgrund von Optimierungen im Vertriebsprozess (Lern- und Erfahrungseffekte) werden im zweiten Jahr nur noch drei weitere Vertriebler benötigt, um einen Umsatz von 200.000€ zu erzielen). Weiterhin soll im Rahmen der taktischen Planung beachtet werden, dass in den verschiedenen Phasen des Produktlebens unterschiedliche Tätigkeiten und unterschiedliche Schwerpunkte bei den Funktionsbereichen anfallen (siehe Abbildung 31). Außerdem sollen die Überlegungen, welche im Rahmen der operativen F&E-Planung (Abbau von Programmierern) ange-

---

[152] Vgl. Olfert, K. [2010]: Kostenrechnung, 16. Auflage, Herne, S. 35ff und 105f.
[153] Vgl. Steinmann, H./Schreyögg, G. [2005]: Management – Grundlagen der Unternehmensführung, 6. Auflage, Wiesbaden, S.304 sowie Wöhe, G./Döring, U. [2010]: Einführung in die allgemeine Betriebswirtschaftslehre, 24. Auflage, München, S. 81f.

stellt wurden, berücksichtigt werden. Zuletzt sind auf der Grundlage der operativen Jahresplanung die finanziellen Jahresbudgets für die Budgetverantwortlichen der einzelnen Funktionsbereiche von der Unternehmensleitung festzulegen und für die Budgetverantwortlichen freizugeben. Diese sollen die Budgetverantwortlichen dazu befähigen die Ziele und Maßnahmen (rein prospektives Planhandeln) in konkretes Handeln umzusetzen.[154]

2.1.3. Die Entscheidungsfindung bei den strategischen und den operativen Maßnahmen

Bei der Entscheidungsfindung sollte zwischen den strategischen und den operativen Entscheidungen unterschieden werden. Bei den beiden Entscheidungsformen werden die generierten Alternativen beurteilt und danach wird die geeignetste Alternative ausgewählt.[155] Wie bereits im Kapitel 2.1.2.1.3 („Die strategischen Optionen") erwähnt, beschäftigt sich die strategische Planung mit den Effektivitätsproblemen (Wirksamkeit - Tue ich die richtigen Dinge?) und die operative Planung mit den Effizienzproblemen (Kosten-Nutzen-Relation – Tue ich die Dinge richtig?). Die Beurteilung einer Alternative soll anhand des Zielerreichungsgrades der Alternative geschehen. Da im Rahmen der strategischen Planung die Vision meist als ein qualitatives Ziel festgeschrieben wird und zu so einem frühen Planungszeitpunkt die nötigen Zahlungsinformationen für eine quantitative Bewertung meist fehlen, werden meines Erachtens strategische Optionen anhand von qualitativen Kriterien bewertet. Hierbei sollten die Alternativen mittels der folgenden Mindestkriterien bewertet werden:

- Machbarkeit/Durchführbarkeit
- Konsistenz und
- Akzeptanz.

Ergänzend können die Strategien anhand der ethischen Vertretbarkeit und der Flexibilität einer Strategie (Wie beständig ist die Strategie gegenüber Veränderungen in der Umwelt (Chancen und Risiken)?; Wie Anpassungsfähig ist die

---

[154] Vgl. Steinmann, H./Schreyögg, G. [2005]: Management – Grundlagen der Unternehmensführung, 6. Auflage, Wiesbaden, S. 392.
[155] Vgl. Steinmann, H./Schreyögg, G. [2005]: Management – Grundlagen der Unternehmensführung, 6. Auflage, Wiesbaden, S. 263.

Strategie bezüglich Umwelt- und Unternehmensänderungen im Zeitverlauf?) bewertet werden. Beim ersten Kriterium der **Machbarkeit/Durchführbarkeit** ist zu prüfen, ob die notwendigen Ressourcen (finanziell, personell, sachlich bzw. technologisch) zur Durchführung der Strategie verfügbar sind, ob diese den vom Unternehmen geforderten Erfordernissen entsprechen oder ob der gesetzliche Rahmen eine solche Strategie zulässt. Beim Kriterium **Konsistenz** ist zu prüfen, ob die Strategie logisch und konsistent aufgebaut ist. Man spricht dabei auch von Widerspruchsfreiheit. Eine Strategie ist widerspruchfrei, wenn die einzelnen Maßnahmen zu einander passen und sich nicht widersprechen. Das Kriterium **Akzeptanz** spiegelt den Willen zur Strategieumsetzung wieder. Dabei sind die Punkte, welche im Rahmen der Balanced Scorecard erläutert wurden, zu beachten. Die Strategiealternativen sollten erstens frühzeitig an die Mitarbeiter kommuniziert werden, um ein Feedback zur Realisierung zu erhalten, und zweitens sollte die Zusammenarbeit auf einem gegenseitigen Vertrauen beruhen. Die frühzeitige Einbindung der Mitarbeiter, vor allem der leitenden Mitarbeiter in den Funktionsbereichen, ist wichtig, da diese sich im Rahmen des Management by Objectives auf bestimmte Ziele festlegen müssen und sie deswegen auch an der Realisierungsstrategie mitwirken bzw. mitentscheiden sollten (Erreichung einer höheren Akzeptanz).[156] Da im Rahmen der operativen Planung meist quantitative Ziele festgeschrieben werden, können die Handlungsalternativen auch hinsichtlich ihres Zielerreichungsgrades bewertet werden. Dabei ist die Entscheidung in erster Linie vom Informationsgrad zukünftiger Umweltzustände (siehe Abbildung 35) abhängig. Da die ungewissen Eintrittswahrscheinlichkeiten über die Umweltzustände meistens subjektiv geschätzt werden können, lässt sich die „Entscheidung bei unsicheren Erwartungen" in eine „Entscheidung unter Risiko" überführen. Bei einer **Entscheidungen unter Sicherheit** wählt der Entscheider die Alternative mit dem höchsten Zielerreichungsgrad. Da unternehmerische Entscheidungen meistens mit Risiko verbunden sind und die **Entscheidungen bei unsicheren Erwartungen** durch die subjektive Einschätzung der Umweltzustände in die **Entscheidungen unter Risiko**

---

[156] Vgl. Steinmann, H./Schreyögg, G. [2005]: Management – Grundlagen der Unternehmensführung, 6. Auflage, Wiesbaden, S.263ff. sowie Welge, M.K./Al-Laham, A. [2003]: Strategisches Management – Grundlagen, Prozess, Implementierung, 4. Auflage, Wiesbaden, S. 492ff.

überführt werden können, soll an dieser Stelle nicht mehr weiter auf die Entscheidungen bei sicheren/unsicheren Erwartungen eingegangen werden.[157]

Vollkommener Informationsstand	Unvollkommener Informationsstand	
(1) Entscheidung bei sicheren Erwartungen	(2) Entscheidung unter Risiko	(3) Entscheidung bei unsicheren Erwartungen
Konsequenzen des Handelns sind **vollständig** bekannt	• Konsequenzen unbestimmt • **Eintrittswahrscheinlichkeiten bekannt** (objektiv ermittelt oder subjektiv geschätzt)	• Konsequenzen unbestimmt • **Eintrittswahrscheinlichkeit unbekannt**

Abbildung 35: Informationsstand und Entscheidungssituation, Quelle: Wöhe/Döring (2010, S. 93).

Des Weiteren ist im Rahmen einer **Entscheidung unter Risiko** die Entscheidung von der Risikoneigung des Entscheiders abhängig. Dabei wird zwischen risikoscheuen, risikofreudigen und risikoneutralen Entscheidungsträgern unterschieden. In der unten gezeigten Entscheidungsmatrix würde ein risikoscheuer Entscheidungsträger sich für die Alternative 1 entscheiden, da er dadurch dem hohen Verlustrisiko (-200) der Alternative 2 beim Umweltzustand 1 ausweichen will. Der risikofreudige Entscheidungsträger entscheidet sich jedoch für die Alternative 2, da er im Ergebniswert (+300) des Umweltzustandes 2 eine Chance sieht.

Umweltzustand / Alternativen	Umweltzustand 1 (Wahrscheinlichkeit 40 % w1)	Umweltzustand 2 (Wahrscheinlichkeit 60 % w2)	Erwartungswert µ (e1 x w1 + e2 x w2)	Standardabweichung σ (√ w1 x (e1 - µ)² + w2 x (e2 - µ)²)
Alternative 1	+100 Ergebniswert (e1)	+100 Ergebniswert (e2)	+100	0
Alternative 2	-200 Ergebniswert (e1)	+300 Ergebniswert (e2)	+100	244,9

Abbildung 36: Entscheidungsmatrix inkl. Erwartungswert µ und Standardabweichung σ, Quelle: Vgl. Wöhe/Döring (2010, S. 95).

Der risikoneutrale Entscheidungsträger würde sich für die Alternative mit dem höchsten Erwartungswert entscheiden. Bei diesem Beispiel ist der Erwartungs-

---

[157] Vgl. Wöhe, G./Döring, U. [2010]: Einführung in die allgemeine Betriebswirtschaftslehre, 24. Auflage, München, S. 91ff. sowie Jung, H. [2010]: Allgemeine Betriebswirtschaftslehre, 12. Auflage, München, S. 184ff.

wert bei den beiden Alternativen jedoch gleich hoch. Daher muss zusätzlich die Standardabweichung berechnet werden. Diese gilt als ein gängiges Maß zur Risikomessung. Dabei gibt die Standardabweichung an, wie stark die Ergebniswerte (e1 und e2) um den Erwartungswert µ streuen.[158] Weiterhin gibt es Entscheidungsmodelle ((µ,σ)-Prinzip, Bernoulli-Prinzip), die die individuelle Risikoneigung des Entscheidungsträgers berücksichtigen, jedoch soll auf diese nicht weiter eingegangen werden.[159]

2.2. Die Grundlagen der Unternehmensorganisation und der Personalplanung

Die Unternehmensorganisation und die Personalplanung sind die Teilgebiete, welche sich auf der Ausführungsebene befinden. Jedoch müssen auch in diesen Teilgebieten Planungen vorgenommen werden. Die Organisation beschäftigt sich mit der Verteilung der Unternehmensaufgabe auf mehrere Organisationseinheiten und die Strukturierung dieser zu einem Gefüge. Im Rahmen dieses Buches soll vor allem auf die Aufbauorganisation eingegangen werden. Diese hat die Aufgabe das Unternehmen in die organisatorische Teileinheiten zu gliedern, ihnen Aufgaben, Kompetenzen und Verantwortlichkeiten zuzuordnen, um dadurch die Koordination zwischen den einzelnen Organisationseinheiten zu ermöglichen. Nachdem im Rahmen der Aufbauorganisation die Stellen gebildet und die Aufgaben verteilt wurden, muss der Personalbedarf ermittelt werden. Diese Aufgabe wird durch die Personalwirtschaft bzw. das Personalwesen übernommen. In diesem Buch soll auf die quantitative und qualitative Personalbedarfsermittlung anhand der Stellenplanmethode eingegangen werden. Zum Schluss sollen den Gründern auch einige alternative Beschäftigungsmodelle zur Aufgabenerfüllung aufgezeigt werden.

---

[158] Vgl. Wöhe, G./Döring, U. [2010]: Einführung in die allgemeine Betriebswirtschaftslehre, 24. Auflage, München, S. 95ff. sowie Jung, H. [2010]: Allgemeine Betriebswirtschaftslehre, 12. Auflage, München, S. 189f.
[159] Vgl. Wöhe, G./Döring, U. [2010]: Einführung in die allgemeine Betriebswirtschaftslehre, 24. Auflage, München, S. 97f.

2.2.1. Die Grundlagen der Unternehmensorganisation

Die Organisation befindet sich auf der Ausführungseben, d.h. sie befasst sich u.a. mit der effizienten Umsetzung der geplanten Maßnahmen. Dabei können die geplanten Maßnahmen im Rahmen der Umsetzung unzureichend ausgeführt werden. Dies kann auf eine ungenügende Information (unzureichende Koordination und Kommunikation) und eine ungenügende Motivation zurückgeführt werden.[160] Die Punkte Kommunikation und Motivation wurde bereits im Kapitel 2.1.1 bei der Vorstellung der Balanced Scorecard behandelt. Die Balanced Scorecard wird erstellt, um unter anderem die Vision und die Strategie/n an alle Mitarbeiter zu kommunizieren und dadurch die strategischen Ziele für jeden Mitarbeiter greifbar zu machen. Darüber hinaus werden die leitenden Mitarbeiter durch die Zielvereinbarungen motiviert, welche aus der Balanced Scorecard abgeleitet werden. Erst im Rahmen der Organisation (und Personalwirtschaft) werden jedoch, die Anforderungen und die geeigneten Mitarbeiter für eine leitende Position festgelegt, welche ein Budget verantworten sollen und durch welche eine Koordination ermöglicht wird. Die Organisationslehre unterscheidet zunächst einmal zwischen der formalen und der informalen Organisation. Die formale ist die bewusst geschaffene und die sachlich geplante Struktur zur Umsetzung der unternehmerischen Zielsetzung („sichtbar"). Die Visionen, die Ziele, die Strategien, die Aktionspläne, die festgeschriebene Prozesse, die Organigramme, die Verantwortungsbereiche, die Befugnisse etc. gehören dabei zu den formalen Aspekten. Die informale Organisation entsteht durch die individuellen Präferenzen (persönliche Ziele und Wünsche, Sympathien und Verhaltensweisen) und bestimmt dadurch die sozialen Strukturen innerhalb des Unternehmens. Dabei sind die Einstellungen, die Werte, die Gefühle (der Ärger, die Verzweiflung...), die Gruppennormen, die Beziehungen, die Taktiken, die Politik, die Kultur etc. die informalen Aspekte.[161] **Die Organisationstrukturen** sind eigentlich **auf Dauer** angelegt und regeln die generellen Entscheidungen

---

[160] Vgl. Wöhe, G./Döring, U. [2010]: Einführung in die allgemeine Betriebswirtschaftslehre, 24. Auflage, München, S. 107.
[161] Vgl. Schulte-Zurhausen, M. [2010]: Organisation, 5. Auflage, München, S. 3 sowie Olfert, K./Steinbuch, P. A. [2003]: Organisation, 13. Auflage, Ludwigshafen, S. 46f.

für vergleichbare Fälle.[162] Im Gegensatz dazu regeln die **Disposition die fallweisen und die punktuellen Entscheidungen** und die **Improvisation die vorläufigen und die von vorneherein befristeten Entscheidungen**.[163] Die Organisation unterteilt sich in die Aufbau- und die Ablauf- bzw. Prozessorganisation sowie die Projektorganisation als Sonderform.[164] Da bereits bei der operativen und taktischen Planung (Kapitel 2.1.2.2) davon ausgegangen wurde, dass viele Gründer Berufserfahrung (vor allem Projekterfahrung) mitbringen, soll nicht weiter auf die Projektorganisation eingegangen werden. Die Aufbauorganisation hat die Aufgabe das Unternehmen in ihre organisatorischen Teileinheiten zu gliedern, ihnen Aufgaben, Kompetenzen und Verantwortlichkeiten zuzuordnen, um dadurch die Koordination zwischen den einzelnen Organisationseinheiten zu ermöglichen. Die Aufbauorganisation wird in einem Organigramm abgebildet. Die Ablauf- bzw. die Prozessorganisation beschäftigt sich mit dem Ablauf des betrieblichen Geschehens. Sie regelt in erster Linie die inhaltliche, räumliche und zeitliche Folge der Ablauf- bzw. Arbeitsprozesse.[165] Die organisatorische Gestaltung hat zwei Kernaufgaben (Arbeitsteilung und Koordination). Einerseits sollen durch die Arbeitsteilung die begrenzten Arbeitskapazitäten der Mitarbeiter segmentiert und auf die Menschen sowie die Sachmittel verteilt werden und andererseits besteht die Notwendigkeit diese wieder zusammenzuführen, um die Orientierung auf die oberste Zielsetzung (Vision und Strategie/n) zu gewährleisten (Dualproblem der Organisation).[166] Nach meiner Auffassung sind im Rahmen einer Neuorganisation viele Entscheidungen einerseits aufgrund der spezifischen fallweisen Situation dispositiv und andererseits aufgrund der schnellen Wandlung innerhalb eines jungen Unternehmens improvisatorisch zu treffen. Daher soll in diesem Zusammenhang zunächst nur die Aufbauorganisation als eine Art Minimalorganisation durch ein **Organigramm** festgelegt werden. Weiterhin sollten sich die Gründer überlegen, ob Sie einen Ablaufprozess

---

[162] Vgl. Schulte-Zurhausen, M. [2010]: Organisation, 5. Auflage, München, S. 3 sowie Wöhe, G./Döring, U. [2010]: Einführung in die allgemeine Betriebswirtschaftslehre, 24. Auflage, München, S. 109.
[163] Vgl. Schulte-Zurhausen, M. [2010]: Organisation, 5. Auflage, München, S. 3.
[164] Vgl. Olfert, K./Steinbuch, P. A. [2003]: Organisation, 13. Auflage, Ludwigshafen, S. 49ff.
[165] Vgl. Olfert, K./Steinbuch, P. A. [2003]: Organisation, 13. Auflage, Ludwigshafen, S. 50f. sowie Schulte-Zurhausen, M. [2010]: Organisation, 5. Auflage, München, S. 14.
[166] Vgl. Schulte-Zurhausen, M. [2010]: Organisation, 5. Auflage, München, S. 4 sowie Vahs, D. [2009]: Organisation – Ein Lehr- und Managementbuch, 7. Auflage, Stuttgart, S. 51f.

festlegen wollen oder nicht. Um die Aufbauorganisation festzulegen, soll der organisatorische Gestaltungsprozess nach Kosiol vorgestellt werden. Das Analyse-Synthese-Konzept nach Kosiol (siehe Abbildung 37) beschreibt grob die Organisationsarbeit und stellt die beiden Dimensionen Aufbau- und Ablauforganisation dar. Das Konzept unterscheidet bei der Aufbauorganisation zwischen der Aufgabenanalyse und der Aufgabensynthese sowie zwischen der Arbeitsanalyse und der Arbeitssynthese bei der Ablauforganisation. Damit die Gesamtaufgabe eines Unternehmens geordnet erfüllt wird, muss diese zuerst inhaltlich definiert, geordnet und in verteilungsfähige Teilaufgaben aufgeteilt werden (Aufgabenanalyse). Danach lassen sich die Teilaufgaben (nach Kosiol) mit Hilfe der Gliederungskriterien „Verrichtung", „Objekt", „Rang", „Phase" und „Zweckbeziehungen" aus der Oberaufgabe ableiten. Die „Verrichtung" beschreibt die zu erbringende Art der Leistung (z.B. einkaufen, lagern, verpacken, verkaufen, verbuchen etc.). Beim Merkmal „Objekt" wird aufgezeigt, auf welches Objekt sich die Verrichtung bezieht. Das Objekt kann dabei materieller oder immaterieller Art sein (Ausgangs- oder Endprodukte, Personen, Märkte etc.).

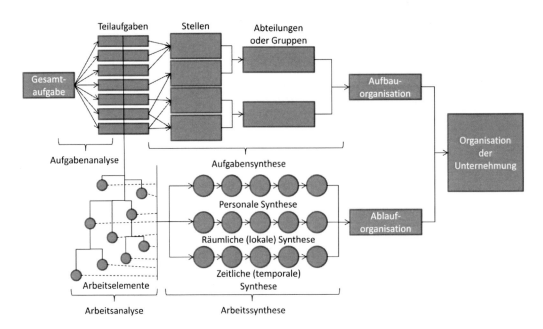

Abbildung 37: Modell organisatorischer Gestaltung, Quelle: Bleicher (1991, S. 49).

Beim Merkmal „Rang" wird zwischen den Entscheidungs- und den Ausführungsaufgaben unterschieden. Dieser Punkt bereitet die Gestaltung von den hierarchischen Verhältnissen vor. Bei der Aufteilung nach dem Merkmal „Phase" wird zwischen den Teilaufgaben der Planung, der Realisation und der Kontrolle differenziert. Das Merkmal „Zweckbeziehung" trennt nach den primären und sekundären Teilaufgaben. Die primären Teilaufgaben dienen der Leistungserstellung und die sekundären Teilaufgaben werden als die unterstützenden oder auch verwaltenden Aufgaben der Leistungserstellung angesehen.[167] Bei der Einteilung in die primären und sekundären Teilaufgaben können sich die Gründer am Wertkettenmodell von Porter orientieren. Eine Vorschrift zur Anwendungsreihenfolge der einzelnen Merkmale existiert jedoch nicht. Allerdings werden die Merkmale „Verrichtung" und „Objekt" als die Hauptgliederungsmerkmale angesehen und die drei weiteren Merkmale dienen zur näheren Konkretisierung. Die Aufgabenanalyse endet mit der Ableitung der verteilungsfähigen Teilaufgaben. Die Teilaufgaben können in einem sogenannten Aufgabengliederungsplan dokumentiert werden (siehe Tabelle 7 im Anhang).[168] Die Aufgabensynthese hat die Aufgabe die abgeleiteten Teilaufgaben wieder zusammenzufassen und diese den Aufgabenträgern (Stellen) zuzuordnen. Sie unterscheidet neben den Gliederungsmerkmalen der Aufgabenanalyse („Verrichtung" und „Objekt") weiterhin nach den Merkmalen „Aufgabenträger", „Sachmittel", „Raum" und „Zeit". Somit lässt sich jede Aufgabe anhand der in Tabelle 3 aufgeführten Bestimmungsmerkmale beschreiben.[169]

Verrichtung:	**Was** ist zu tun? -> Art der Tätigkeit
Objekt:	**Woran** ist etwas zu tun? -> Gegenstand der Tätigkeit
Aufgabenträger:	**Wer** soll es tun? -> ausführende Person
Sachmittel:	**Womit** ist etwas zu tun? -> Hilfsmittel zur Ausführung
Zeit:	**Wann** ist etwas zu tun? -> Zeitpunkt/Zeitraum der Ausführung
Raum:	**Wo** ist etwas zu tun? -> Ort der Ausführung

Tabelle 3: Bestimmungsmerkmale von Aufgaben, Quelle: Schulte-Zurhausen (2010, S. 42).

---

[167] Vgl. Schulte-Zurhausen, M. [2010]: Organisation, 5. Auflage, München, S. 39ff. sowie Schreyögg, G. [2008]: Organisation – Grundlagen moderner Organisationsgestaltung, 5 Auflage, Wiesbaden, S. 93ff.
[168] Vgl. Schulte-Zurhausen, M. [2010]: Organisation, 5. Auflage, München, S. 40f. sowie Vahs, D. [2009]: Organisation – Ein Lehr- und Managementbuch, 7. Auflage, Stuttgart, S. 52ff.
[169] Vgl. Schulte-Zurhausen, M. [2010]: Organisation, 5. Auflage, München, S. 41f. sowie Vahs, D. [2009]: Organisation – Ein Lehr- und Managementbuch, 7. Auflage, Stuttgart, S. 57.

Bei der Aufgabensynthese werden die Teilaufgaben bezüglich ihrer Merkmale zentralisiert bzw. dezentralisiert. Die Zentralisation bedeutet, die Zusammenfassung von Teilaufgaben hinsichtlich eines gleichartigen Merkmals und die Dezentralisation bedeutet das Gegenteil (Trennung von Teilaufgaben hinsichtlich eines gleichartigen Merkmals). Zudem bedeutet die Zentralisation nach einem bestimmten Merkmal (z.B. Verrichtung) die gleichzeitige Dezentralisation bezüglich aller anderen Merkmale. Die Folge davon ist eine spezifische Form der Arbeitsteilung.[170] Dabei würde die Zentralisation hinsichtlich des Merkmals „Verrichtung" zu einer Funktionsspezialisierung (z.B. bei einer Bank die Funktionen Beratung, Sachbearbeitung etc.) und die Zentralisation hinsichtlich des Merkmals „Objekt" zu einer Objektspezialisierung (Objekte wie z.B. Haftpflichtversicherung, Lebensversicherung, Krankenversicherung etc.) führen. Die Zentralisation bzw. die Dezentralisation ist auf die Gestaltung der Aufbauorganisation bezogen, welche sich durch die Zusammenfassung von Teilaufgaben als Bildung von Organisationseinheiten vollzieht.[171] Durch die Zusammenfassung von Teilaufgaben zu personenbezogenen Aufgaben entsteht eine Stelle. Die Stellen können zu Abteilungen (primäre Abteilungsbildung) und die Abteilungen zu übergeordneten Abteilungen (sekundäre Abteilungsbildung) zusammengefasst werden.[172] Die Bildung und Verknüpfung der Stellen und der Abteilungen zu einem Gefüge stellt die organisatorische Strukturierung dar. Durch die Arbeitsanalyse und die Arbeitssynthese soll ein Übergang von der Aufbau- zur Ablauforganisation erfolgen.[173] Da sich die Ablauforganisation mit dem Ablauf im Bereich des Ausführungsprozesses beschäftigt, soll in diesem Buch nicht weiter darauf eingegangen werden. Die Stelle bildet die kleinste Organisationseinheit. Sie stellt das Grundelement (Basiselement) der Aufbauorganisation dar und entsteht durch eine Zuordnung von dauerhaft zur Ausführung übertragenen Teilaufgaben auf mindestens eine Person (personelle Aufgabensynthese).[174] Bei der Bildung einer Stelle ist das sogenannte **„organisatorische Kongru-**

---

[170] Vgl. Schulte-Zurhausen, M. [2010]: Organisation, 5. Auflage, München, S. 42 sowie Vahs, D. [2009]: Organisation – Ein Lehr- und Managementbuch, 7. Auflage, Stuttgart, S. 57.
[171] Vgl. Schulte-Zurhausen, M. [2010]: Organisation, 5. Auflage, München, S. 42ff. sowie Vahs, D. [2009]: Organisation – Ein Lehr- und Managementbuch, 7. Auflage, Stuttgart, S. 58.
[172] Vgl. Schulte-Zurhausen, M. [2010]: Organisation, 5. Auflage, München, S. 210.
[173] Vgl. Schulte-Zurhausen, M. [2010]: Organisation, 5. Auflage, München, S. 42ff.
[174] Vgl. Schulte-Zurhausen, M. [2010]: Organisation, 5. Auflage, München, S. 163ff. sowie Vahs, D. [2009]: Organisation – Ein Lehr- und Managementbuch, 7. Auflage, Stuttgart, S. 63.

enzprinzip" einzuhalten. Dieses besagt, dass die Aufgabe, die Verantwortung und die Kompetenzen einer Stelle möglichst übereinstimmen müssen. Diese werden wie folgt definiert:

- Aufgabe ist die Bündelung von Tätigkeiten,
- Kompetenzen sind die zugeteilten Rechte und Befugnisse,
- Verantwortung ist die Pflicht eine Rechenschaft über die zugewiesenen Aufgaben abzulegen.[175]

Im Rahmen der Kompetenzverteilung wird zwischen der Durchführungs- und der Leitungskompetenz unterschieden (siehe Tabelle 4).

Durchführungskompetenzen	Leitungskompetenzen
- Ausführungskompetenz	- Fremdentscheidungskompetenz
- Verfügungskompetenz	- Weisungskompetenz
- Antragskompetenz	- Richtlinienkompetenz
- Entscheidungskompetenz	- Kontrollkompetenz
- Vertretungskompetenz	

Tabelle 4: Durchführungs- und Leitungskompetenzen, Quelle: Schulte-Zurhausen (2010, S. 164).

Aufgrund der Kompetenzverteilung lassen sich nun die unterschiedlichen Stellenarten bilden (siehe Tabelle 5).

	Aufgabenstellung	Kompetenz
Linienstellen		
1. Ausführungsstelle	Ausführung	Teilkompetenz
2. Leitungsstelle	Leitung und Ausführung	Vollkompetenz
unterstützende Stellen		
3. Stabstellen	spezialisierte Leitungshilfe	Teilkompetenz
4. Assistenzstellen	generelle Leitungshilfe	Teilkompetenz
5. Dienstleistungsstellen	zentrale Dienstleistung	Teil- oder Vollkompetenz

Tabelle 5: Stellenarten, Quelle: Schulte-Zurhausen (2010, S. 172).

Dabei charakterisiert die Ausführungsstelle eine Stelle ohne Leitungskompetenz und die Leitungsstelle eine Stelle mit Fremdentscheidungs-, Weisungs- und

---

[175] Vgl. Schulte-Zurhausen, M. [2010]: Organisation, 5. Auflage, München, S. 163ff. sowie Vahs, D. [2009]: Organisation – Ein Lehr- und Managementbuch, 7. Auflage, Stuttgart, S. 64ff.

Kontrollkompetenzen.[176] Eine Stabsstelle unterstützt die Leitungsstelle bei den fachspezifischen Aufgaben und weist keine Fremdentscheidungs- und Weisungskompetenzen auf. Eine Assistenzstelle unterstützt die Leitungsstelle bei den generalisierten fallweisen Aufgaben und weist auch keine Fremdentscheidungs- und Weisungskompetenzen auf. Die Dienstleistungsstellen erledigen die unterstützenden Aufgaben für mehrere Leitungsstellen.[177] Nachdem die Stellen gebildet und die Aufgaben verteilt wurden, muss der Personalbedarf ermittelt werden. Die Personalbedarfsplanung wird im nächsten Kapitel (Kapitel 2.2.2) näher erläutert. Aufgrund der Arbeitsteilung ergibt sich ein Koordinationsbedarf hinsichtlich der übergeordneten Zielsetzung. Die Abteilungsbildung wird in erster Linie als Mittel zur Koordination gesehen. Eine Abteilung entsteht durch die unbefristete Unterstellung von einer oder mehreren Organisationseinheiten (Ausführungsstellen oder Abteilungen) unter eine gemeinsame Leitungsstelle. So entsteht eine Hierarchie der Organisationseinheiten. Dadurch werden weitgehend die formalen Kommunikationswege (horizontal und vertikal) festgelegt. Die **horizontale Kommunikation** umfasst den Informationsaustausch zwischen den Einheiten auf einer Organisationsebene. Die **vertikale Kommunikation** erfolgt zwischen den über- und den untergeordneten Ebenen (hierarchische Beziehung).[178] Dabei können die Abteilungen funktional oder objektorientiert gebildet werden. Im Rahmen einer funktionalen Abteilungsbildung werden die Stellen mit gleichen oder verwandten Funktionen zu einer Funktionsabteilung (F&E, Marketing und Vertrieb etc.) zusammengefasst. Bei der objektorientierten Abteilungsbildung werden die Stellen nach den Produkten/Dienstleistungen, den Kundenmerkmalen oder den Regionen eingeteilt und zu einer Abteilung zusammengefasst (z.B. Produkt A, B, C; Privat- und Firmenkunden; Bezirk Nord, Süd, West, Ost).[179] Allerdings sollten bei der Abteilungsbildung die zwei Organisationsprinzipien (Homogenitäts- und Beherrschbarkeitsprinzip) eingehalten werden. Das Homogenitätsprinzip besagt, dass in einer Abteilung nur

---

[176] Vgl. Schulte-Zurhausen, M. [2010]: Organisation, 5. Auflage, München, S. 173ff. sowie Vahs, D. [2009]: Organisation – Ein Lehr- und Managementbuch, 7. Auflage, Stuttgart, S. 74f.
[177] Vgl. Schulte-Zurhausen, M. [2010]: Organisation, 5. Auflage, München, S. 176f. sowie Vahs, D. [2009]: Organisation – Ein Lehr- und Managementbuch, 7. Auflage, Stuttgart, S. 79ff.
[178] Vgl. Schulte-Zurhausen, M. [2010]: Organisation, 5. Auflage, München, S. 209ff.
[179] Vgl. Schreyögg, G. [2008]: Organisation – Grundlagen moderner Organisationsgestaltung, 5 Auflage, Wiesbaden, S. 106ff. sowie Schulte-Zurhausen, M. [2010]: Organisation, 5. Auflage, München, S. 211f.

Stellen mit gleichen oder verwandten Aufgaben zusammengefasst werden mit dem Ziel die abteilungsübergreifende Koordination zu minimieren. Das Beherrschbarkeitsprinzip besagt, dass einem Abteilungsleiter nur so viele Stellen unterstellt werden, dass er seinen Leitungsaufgaben nachkommen kann. Bei einer Überlastung des Abteilungsleiters ist eine detailliertere Abteilungsbildung erforderlich. Außerdem muss bei der Abteilungsbildung die sogenannte „Leitungsspanne" einer Leitungsstelle beachtet werden. Die **Leitungsspanne** gibt die Anzahl der Personen an, welche einer Leitungsstelle direkt unterstellt sind. Die optimale Leitungsspanne hängt dabei unter anderem von den Aufgabenmerkmalen, welche von den unterstellten Mitarbeitern durchzuführen sind, den Qualifikationen und dem Führungsstil des Leitungsstelleninhabers sowie den organisatorischen und personellen Maßnahmen ab.[180] Durch die Arbeitsteilung entsteht ein Koordinationsbedarf, welcher aufgrund von **Schnittstellen (Berührungspunkte)** und **Interdependenzen (Abhängigkeiten)** zwischen den verschiedenen Tätigkeits- und Entscheidungsbereichen besteht.[181] Bei den Interdependenzen wird zwischen den Prozess- (sequenzielle und reziproke Interdependenzen) und den Ressourceninterdependenzen unterschieden. **Die sequentiellen Interdependenzen** entstehen, wenn die organisatorischen Einheiten im Prozess der Leistungserstellung hintereinander geschaltet sind. **Die reziproken Interdependenzen** entstehen, wenn zwischen zwei oder mehreren Organisationseinheiten die Leistungen gegenseitig ausgetauscht werden. **Ressourceninterdependenzen** entstehen dadurch, dass mehrere Organisationseinheiten auf eine begrenzte Ressourcenmenge zugreifen müssen (z.B. kollektive Inanspruchnahme von Fertigungsanlagen oder spezialisierten Arbeitskräften).[182] Die Schnittstellen sind Berührungspunkte zwischen den verschiedenen Tätigkeits- und Entscheidungsbereichen (Organisationseinheiten). Dabei entstehen die Schnittstellen aus einer funktionalen Arbeitsteilung, wobei keine Autonomie der Teilbereiche existiert, sondern in den Bereichen mehr oder weniger starke Interdependenzen vorherrschen. Durch die Interdependenzen ergeben

---

[180] Vgl. Schulte-Zurhausen, M. [2010]: Organisation, 5. Auflage, München, S. 210ff. sowie Vahs, D. [2009]: Organisation – Ein Lehr- und Managementbuch, 7. Auflage, Stuttgart, S. 101ff.
[181] Vgl. Schulte-Zurhausen, M. [2010]: Organisation, 5. Auflage, München, S. 227 sowie Vahs, D. [2009]: Organisation – Ein Lehr- und Managementbuch, 7. Auflage, Stuttgart, S. 106f.
[182] Vgl. Schulte-Zurhausen, M. [2010]: Organisation, 5. Auflage, München, S. 227 sowie Vahs, D. [2009]: Organisation – Ein Lehr- und Managementbuch, 7. Auflage, Stuttgart, S. 107.

sich Berührungspunkte zwischen den Tätigkeitsbereichen. Daraus folgt, dass die Schnittstellen auf das Bestehen von Interdependenzen zurückzuführen sind. An dieser Stelle bilden die Schnittstellen die Problemfelder zwischen den Tätigkeitsbereichen eines Unternehmens. Typische Schnittstellenprobleme entstehen an den Abteilungsgrenzen und bestehen darin, dass Informationen fehlen, die Prozessausführung zu lange dauert oder die Verantwortlichkeiten nicht genau geregelt sind. Um den Koordinationsbedarf zu decken können indirekte oder direkte Koordinationsmaßnahmen angewendet werden. Die indirekten Koordinationsmaßnahmen sollen durch die Aufhebung der Interdependenzen den Koordinationsbedarf reduzieren (z.B. durch die Bildung von Reserveressourcen bei Ressourceninterdependenzen). Bei den direkten Koordinationsmaßnahmen wird der Koordinationsbedarf durch die Berücksichtigung der Interdependenzen gedeckt. Dabei wird zwischen der vertikalen und der horizontalen Koordination sowie zwischen der Voraus- (Planung und Standardisierung) und der Feedbackkoordination (Ad-hoc-Koordination) unterschieden.[183] Meines Erachtens wird bei den jungen Unternehmen der Koordinationsbedarf mittels der Planung im Voraus oder der Ad-hoc-Koordination im Nachhinein gedeckt. Deshalb soll die Standardisierung durch die organisatorischen Regelungen zur Koordinationsbedarfsdeckung in diesem Buch nicht weiter beachtet werden. Die Vorauskoordination durch die Planung gibt den Entscheidungsträgern durch die Ziele und Maßnahmen die koordinierte Entscheidung längerfristig im Voraus vor. Die Ad-hoc-Koordination erfolgt als Reaktion auf eine Störung.[184] Abschließend kann das Ergebnis der Aufbauorganisation in einem Organigramm dargestellt werden. Zwei mögliche Darstellungsformen eines Organigramms befinden sich im Anhang (siehe Abbildung 60 im Anhang).

2.2.2. Die Personalbedarfsplanung

Die Aufbauorganisation beschäftigte sich mit der Gliederung von organisatorischen Teileinheiten und der Zuordnung von Aufgaben, Kompetenzen, und Verantwortlichkeiten, um dadurch eine Koordination zwischen den einzelnen Orga-

---

[183] Vgl. Schulte-Zurhausen, M. [2010]: Organisation, 5. Auflage, München, S. 228ff. sowie Vahs, D. [2009]: Organisation – Ein Lehr- und Managementbuch, 7. Auflage, Stuttgart, S. 107ff.
[184] Vgl. Schulte-Zurhausen, M. [2010]: Organisation, 5. Auflage, München, S. 233.

nisationseinheiten zu ermöglichen. Nachdem im Rahmen der Aufbauorganisation Stellen und Abteilungen gebildet sowie die Aufgaben, die Kompetenzen und die Verantwortlichkeiten verteilt wurden, muss der quantitative und der qualitative Personalbedarf festgestellt werden. Die Personalbedarfsermittlung wird durch die Personalwirtschaft bzw. das Personalwesen (in klein- und mittelständischen Unternehmen durch den Geschäftsführer) übernommen. Die Personalbedarfsermittlung beginnt nicht erst jetzt, sondern bereits mit der Planung der betrieblichen Teilpläne (siehe operative und taktische Planung Kapitel 2.1.2.2). Im Rahmen der betrieblichen Teilplanungen müssen die Gründer die Anzahl der Mitarbeiter ermitteln, welche für die Erfüllung der betrieblichen Einzeltätigkeiten notwendig sind (**quantitative Personalbedarfsermittlung**). Da jede Stelle unterschiedliche Aufgaben zu erfüllen hat, muss auch jeder Stelleninhaber unterschiedliche Qualifikationen mitbringen. Unterdessen werden bei der **qualitativen Personalbedarfsermittlung** mit Hilfe von Fähigkeits- und Anforderungsprofilen die Individualplanungen der Stellen vorgenommen.[185] Die Planung des Personalbedarfs wird von den internen und externen Einflussfaktoren bestimmt. Dabei wirken sich die unternehmensexternen Faktoren auf die Absatzmöglichkeiten des Unternehmens (z.B. durch gesamtwirtschaftliche Entwicklung, Branchenentwicklung, Marktveränderungen etc.), auf die Arbeitszeit und die Einsatzbedingungen der Arbeitskräfte (z.B. durch Veränderungen im Sozial- und Arbeitsrecht etc.) und auf die Gestaltung der Produkttechnologie (z.B. durch technologische Veränderungen) aus und beeinflussen somit den Personalbedarf. Die unternehmensinternen Faktoren wirken sich auf den quantitativen und qualitativen Personalbedarf (z.B. durch geplante Absatzmengen, Arbeits- und Unternehmensorganisation, durchschnittliche Leistung der eingesetzten Arbeitskräfte etc.), auf die Notwendigkeit zur Schaffung eines Puffers durch ein Ersatz- oder Reservepotenzial (z.B. bei Fehlzeiten oder Fluktuation) und auf die Leistungsbereitschaft der Arbeitnehmer (ausgelöst durch Interessen und Bedürfnisse der Mitarbeiter) aus.[186] Die Personalbedarfsplanung kann wie folgt ablaufen (siehe Abbildung 38). Der Ausgang der Personalbedarfsplanung ist die Feststellung des aktuellen Personalbestandes, die Planung der voraussichtli-

---

[185] Vgl. Jung, H. [2011]: Personalwirtschaft, 9. Auflage, München, S. 113f.
[186] Vgl. Jung, H. [2011]: Personalwirtschaft, 9. Auflage, München, S. 114f.

chen Zu- und Abgänge sowie die Ermittlung des zukünftigen Ist-Belegschaftsstandes. Die Personalbestandsplanung erübrigt sich bei einem Start-Up, da dieses bis auf die Gründer meist noch kein Personal aufweist. Jedoch sollten die Fähigkeiten der Gründer festgehalten werden.

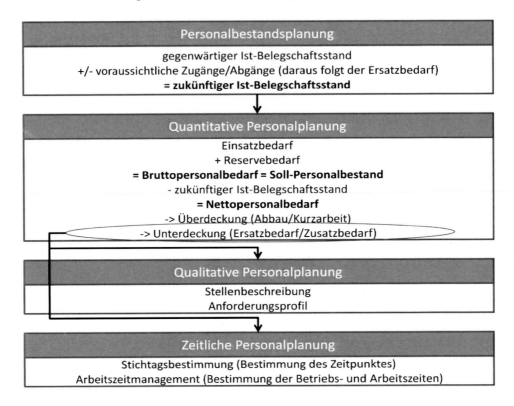

Abbildung 38: Personalbedarfsplanung, Quelle: in Anlehnung an Bröckermann (2007, S. 41) sowie Jung (2011, S. 117ff.).

Bei der quantitativen Personalplanung müssen zunächst der Einsatzbedarf und der Reservebedarf ermittelt werden, welche in der Summe den Bruttopersonalbedarf bilden. Die Differenz zwischen dem Bruttopersonalbedarf und dem zukünftigem Ist-Belegschaftsstand stellt den Nettopersonalbedarf dar. Ist der Bruttopersonalbedarf größer (kleiner) als der zukünftige Ist-Belegschaftsstand, dann liegt eine Unterdeckung (Überdeckung) vor. Ist der zukünftige Ist-Belegschaftsstand kleiner und der Bruttopersonalbedarf größer als der gegenwärtige Ist-Belegschaftsstand, so unterteilt sich der Nettopersonalbedarf in einen Ersatz- und einen Zusatzbedarf. Die Zu- und Abgänge aus der Personalbestandsplanung bilden dabei den Ersatzbedarf und der Zusatzbedarf stellt die Schaffung neuer Arbeitsplätze dar. Die Ermittlung des Bruttopersonalbedarfs kann unter Zuhilfenahme unterschiedlicher Planungsmethoden erfolgen (Schätzung, statische Verfahren, organisatorische Verfahren, Monetäre Verfahren, Personalbemessungsgrundlagen). Da bei der Personalbedarfsplanung die technischen, die wirtschaftlichen, die organisatorischen und die personalpolitischen Aspekte sowie die menschlichen Verhaltensweisen beachtet werden müssen, kann man die Planungsmethoden nur als einen Annäherungsprozess sehen.[187] Im Rahmen dieses Buches wird den Gründern empfohlen den Bruttopersonalbedarf mittels der Stellenplanmethode (organisatorisches Verfahren) vorzunehmen, da diese Methode eine Brücke zwischen der quantitativen und qualitativen Personalbedarfsplanung sowie der Unternehmensorganisation schlägt. Die Voraussetzung für die Anwendung der Stellenplanmethode ist das Vorhandensein von einem Stellenplan und den Stellenbeschreibungen für alle Hierarchieebenen und Organisationsbereiche.[188] Da bei der Aufbauorganisation das Unternehmen in organisatorische Teileinheiten gegliedert wurde und ihnen Aufgaben, Kompetenzen sowie Verantwortlichkeiten zugeordnet wurden (Übertrag der Aufgaben, Kompetenzen und Verantwortlichkeiten in eine Stellenbeschreibung), ist diese Voraussetzung gegeben. Ausgehend vom aktuellen Stellenbedarf wird bei der Stellenplanmethode der Stellenbedarf systematisch fortgeschrieben. Diese Stellenpläne, die zugehörigen Stellenbeschreibungen und die Anforderungsprofile liefern dabei die Ausgangsdaten zur quantitativen (Stellenplan) und qualitativen (Stellenbeschreibung, Anforderungsprofil[189]) Bruttobedarfsermittlung. Mit Hilfe des Stellenbesetzungsplans (Personalbestand) kann abschließend der Nettobedarf ermittelt werden.[190] Das Anforderungsprofil soll die Qualifikationen und die Kompetenzen einer Planstelle abbilden. Die Qualifikationen eines Menschen bilden die Gesamtheit der Fähigkeiten, bestehend aus Kenntnissen, Fertigkeiten und Verhaltensweisen. Die Summe der Kenntnisse eines Menschen bezeichnet man als Wissen (theoretisch und praktisch).

---

[187] Vgl. Jung, H. [2011]: Personalwirtschaft, 9. Auflage, München, S. 117ff. sowie Bröckermann, R. [2007]: Personalwirtschaft – Lehr- und Übungsbuch für Human Resource Management, 4. Auflage, Stuttgart, S. 41ff.

[188] Vgl. Jung, H. [2011]: Personalwirtschaft, 9. Auflage, München, S. 127 sowie Bröckermann, R. [2007]: Personalwirtschaft – Lehr- und Übungsbuch für Human Resource Management, 4. Auflage, Stuttgart, S. 44ff.

[189] Siehe hierzu eine beispielhafte Stellenbeschreibung (Tabelle 8) bzw. ein beispielhaftes Anforderungsprofil (Tabelle 9) im Anhang.

[190] Vgl. Jung, H. [2011]: Personalwirtschaft, 9. Auflage, München, S. 127f.

Hierbei wird zwischen den tätigkeitsspezifischen und den tätigkeitsungebundenen Kenntnissen unterschieden. Die tätigkeitsspezifischen Kenntnisse werden für eine bestimmte Stelle gefordert und die tätigkeitsungebundenen Kenntnisse erlauben es der Person die Anforderungen verschiedener Stellen zu erfüllen. Die Summe der Fertigkeiten wird als Können bezeichnet. Hierbei wird zwischen den motorischen und den geistigen Fertigkeiten unterschieden. Die Verhaltensweisen eines Menschen bezeichnet man als Benehmen. Es wird zwischen dem Arbeits- und dem Sozialverhalten unterschieden. Ferner muss zwischen den Qualifikationen und Kompetenzen unterschieden werden. Als eine Kompetenz wird die Fähigkeit bezeichnet, welche einen Menschen befähigt in offenen und den unüberschaubaren, komplexen und dynamischen Situationen selbstorganisiert zu handeln. Eine Qualifikation kann es auch ohne eine Kompetenz geben. Dies ist dann der Fall, wenn die erlangte Qualifikation dem Menschen es nicht ermöglicht sich in den offenen, komplexen, problemhaltigen Situationen selbstorganisatorisch zurechtzufinden. Zum Beispiel kann nicht jeder qualifizierte Elektroniker oder Informatiker eine neue Software in Selbstorganisation programmieren. Es wird zwischen der personalen, der aktivitätsbezogenen, der fachlich-methodischen und der sozial-kommunikativen Kompetenzen unterschieden.[191] Abschließend gilt es im Rahmen der Personalbedarfsplanung den Stichtag (Zeitpunkt) und die Betriebs- sowie Arbeitszeiten zu bestimmen.[192] Zur Bestimmung des Zeitpunktes für die Einstellung des/r Mitarbeiter/s können sich die Gründer an dem Modell der funktionsbereichsbezogenen Schwerpunkte in Abhängigkeit zur Lebenszyklusphase (siehe Abbildung 31) bedienen und zur Festlegung der Betriebs- und Arbeitszeiten müssen sie sich an die gesetzlichen oder tariflichen Regelungen halten. Im Anschluss an die Personalbedarfsplanung folgen die Personalbeschaffung, –einsatzplanung, –entwicklung, –abrechnung etc. Im Rahmen dieses Buches soll auf diese Teilbereiche der Personalwirtschaft nicht weiter eingegangen werden, jedoch sollen den Gründern einige alternative Beschäftigungsmodelle aufgezeigt werden, mit welchen die Aufgabenerfüllung ebenfalls erfolgen kann. Im Zentrum der Personalwirtschaft

---

[191] Vgl. Bröckermann, R. [2007]: Personalwirtschaft – Lehr- und Übungsbuch für Human Resource Management, 4. Auflage, Stuttgart, S. 49ff.
[192] Vgl. Bröckermann, R. [2007]: Personalwirtschaft – Lehr- und Übungsbuch für Human Resource Management, 4. Auflage, Stuttgart, S. 61f.

steht das Personal, welches sich in die Arbeiter/innen, die (einfachen) Angestellten, die leitenden Angestellten, die Auszubildenden und den Praktikant unterteilt. Neben dem Personal können die Aufgaben durch einen Selbstständigen (Freelancer) oder einen externen Dienstleister (Outsourcing), einen Heim- oder einen Leiharbeiter durchgeführt werden. Beim Outsourcing stehen die Selbstständigen (Freelancer) bzw. die externen Dienstleister in keinem persönlichen Abhängigkeitsverhältnis zum Unternehmen. Sie werden meist aufgrund eines Dienstvertrages tätig, in welchem sie sich verpflichten eine bestimmte Dienstleistung zu erbringen. Dabei können unterschiedliche Dienstleistungen (z.B. Rechts- und Unternehmensberatung, Steuerberatung und Buchführung, Vertrieb und Marketing, Programmierung, Text- und Grafikerstellung, Recherche etc.) outgesourct werden. Die Selbstständigen unterscheiden sich von den „Scheinselbstständigen" und den Arbeitnehmern durch folgende Punkte:

- sie sind Weisungsungebunden,
- sie gliedern sich nicht in den Betriebsablauf ein,
- sie handeln unternehmerisch,
- sie unterliegen keiner Lohnsteuerpflicht und haben keinen Anspruch auf ein Arbeitsentgelt, eine Entgeltfortzahlung im Krankheitsfall, einen Urlaub und
- sie werden im Rahmen eines Dienst- oder Werkvertrages und nicht eines Arbeitsvertrages tätig.[193]

Wann sich die Eigenleistung oder das Outsourcing lohnt, muss jeder Unternehmer für sich selbst entscheiden. Um den Gründern in diesem Zusammenhang eine Entscheidungshilfe zu geben, kann der Leser die Artikel „Intern oder Extern: Lohnt sich Outsourcing?"[194] von Tobias Ebert oder „Selbst machen vs. Outsourcing"[195] von der WEKA MEDIA GmbH & Co. KG durcharbeiten. Außerdem können sich die Gründer der Heimarbeit oder der Leiharbeit bedienen. Die Heimarbeiter verrichten die Arbeit nicht in der Arbeitsstätte des Arbeitgebers. Dadurch sind sie nicht in den Betrieb eingegliedert, jedoch überlassen diese

---

[193] Vgl. Vgl. Bröckermann, R. [2007]: Personalwirtschaft – Lehr- und Übungsbuch für Human Resource Management, 4. Auflage, Stuttgart, S. 3f.
[194] Siehe hierzu: http://www.gruenderszene.de/it/outsourcing.
[195] Siehe hierzu. http://www.foerderland.de/419+M50cf953d5db.0.html.

ihre gefertigten Arbeitsergebnisse dem Arbeitgeber. Aufgrund dieser Tatsache unterliegen sie nicht dem Arbeitsrecht (§§ 661ff. BGB) sonder dem Heimarbeitsgesetz (§§ 1ff. HAG).[196] Die Leiharbeitnehmer/innen sind beim Leihunternehmen dem sogenannten Verleiher als Arbeitnehmer beschäftigt und unterliegen dem Arbeitsrecht (§§ 661ff. BGB). Durch einen Arbeitnehmerüberlassungsvertrag werden die Leiharbeitnehmer/innen an einen Entleiher vermittel. Der Arbeitsvertrag und der Arbeitnehmerüberlassungsvertrag verpflichten den Leiharbeitnehmer seine Arbeitskraft dem Entleiher zur Verfügung zu stellen. Der Entleiher wiederrum hat die Pflicht den Stundensatz aus dem Arbeitnehmerüberlassungsvertrag für den Leiharbeitnehmer an den Verleiher zu zahlen. Neben den gewerblichen Vermittlern können auch Arbeitgeber z.B. desselben Wirtschaftszweiges Arbeitnehmer überlassen, um Kurzarbeit oder Entlassungen zu vermeiden.[197]

2.3. Die Marketinggrundlagen

Wie bereits in der Einleitung des Kapitels 2 aufgeführt, bilden die Bedürfnisse und die Wünsche den Ausgangspunkt für das wirtschaftliche Handeln eines Unternehmens. An diesem Punkt setzt auch das Marketing an. Die Bedürfnisse werden durch den Tatbestand der Kaufkraft zu einem Bedarf und können erst dadurch sich zu einer Nachfrage entwickeln. Eine Nachfrage entsteht, wenn die am Markt angebotenen Güter auch tatsächlich nachgefragt werden. Da die Kundenbedürfnisse einer ständigen Wandlung unterliegen, müssen die Unternehmen ihre Produkte anpassen, ergänzen oder neu entwickeln. Es können nur die Unternehmen einen Wettbewerbsvorteil erzielen, welchen die Berücksichtigung der Kundenwünsche besser gelingt als der Konkurrenz. Hieraus erschließt man den Grundgedanken des Marketings. Daher muss das Marketing immer als „Denken aus Kunden- oder Marktsicht" verstanden werden („Market-Based-

---

[196] Vgl. Vgl. Bröckermann, R. [2007]: Personalwirtschaft – Lehr- und Übungsbuch für Human Resource Management, 4. Auflage, Stuttgart, S. 4.

[197] Vgl. Vgl. Bröckermann, R. [2007]: Personalwirtschaft – Lehr- und Übungsbuch für Human Resource Management, 4. Auflage, Stuttgart, S. 5 sowie Wikipedia, Die freie Enzyklopädie (Hrsg.): Arbeitnehmerüberlassung, 07.08.2012, Online im Internet:
http://de.wikipedia.org/w/index.php?title=Arbeitnehmer%C3%BCberlassung&oldid=106494861, [2012-08-13].

View"[198]). Die konsequente Orientierung an den Kundenbedürfnissen bedeutet, dass das Unternehmen die Erwartungen, die Erfahrungen, die Wahrnehmung und die Einstellungen von den (potenziellen) Kunden kennen und ihre Produkte darauf abstimmen muss, um daraus ein aus Kundensicht zufriedenstellendes Angebot zu erzeugen. Gelingt es dem Unternehmen mit dem Angebot die vom Kunden subjektiv wahrgenommenen Bedürfnisse am Besten zu befriedigen, dann hat dieses Unternehmen einen Wettbewerbsvorteil gegenüber der Konkurrenz und kann dadurch seine Unternehmensziele erreichen. Neben der Grundvoraussetzung des Market-Based-Views müssen zwei weitere Faktoren erfüllt sein, damit ein Unternehmen erfolgreich am Markt agieren kann. Dies sind die verfügbaren Ressourcen und die Kompetenzen des Unternehmens („Ressource-Based-View"[199] bzw. „Competence-Based-View"[200]).[201] Hierauf wurde bereits im Rahmen der Unternehmensanalyse eingegangen (siehe Kapitel 2.1.2.1.2). Der Unternehmenserfolg hängt davon ab, inwieweit es dem Unternehmen gelingt, die gewonnene Marktkenntnis durch den effizienten Einsatz von Ressourcen und Kompetenzen in ein bedarfsgerechtes Produkt zu transformieren. Daraus erschließt sich, dass das Marketing nicht nur eine gleichberechtigte Funktion innerhalb des Unternehmens ist, sondern dass es darüber hinaus als ein übergeordnetes und umfassendes Leitkonzept der Unternehmensführung anzusehen ist (siehe Abbildung 39).[202]

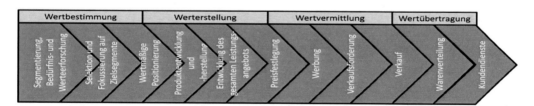

Abbildung 39: Der wertschaffende Geschäftsprozess, Quelle: Vgl. Kotler/Bliemel (2006, S. 6).

---

[198] Vgl. Meffert, H., et al. [2012]: Marketing – Grundlagen marktorientierter Unternehmensführung, 11. Auflage, Wiesbaden, S. 5.
[199] Vgl. Meffert, H., et al. [2012]: Marketing – Grundlagen marktorientierter Unternehmensführung, 11. Auflage, Wiesbaden, S. 6.
[200] Vgl. Meffert, H., et al. [2012]: Marketing – Grundlagen marktorientierter Unternehmensführung, 11. Auflage, Wiesbaden, S. 234.
[201] Vgl. Scharf, A., et al. [2009]: Marketing – Einführung in Theorie und Praxis, 4. Auflage, Stuttgart, S. 3f. sowie Kotler, P./Bliemel, F. [2006]: Marketing-Management – Analyse, Planung, Verwirklichung, 10. Auflage, München, S. 13f.
[202] Vgl. Scharf, A., et al. [2009]: Marketing – Einführung in Theorie und Praxis, 4. Auflage, Stuttgart, S. 4.

Daher sollte das Marketing als eine integrative Kraft zwischen dem Kunde und den anderen Funktionsbereichen gesehen werden (siehe Abbildung 61 im Anhang).[203] Das Marketing übernimmt dabei die Funktionen der Planung, der Organisation, der Durchführung und der Kontrolle von Unternehmensaktivitäten im Hinblick auf die Ausrichtung des eigenen Leistungsprogramms an den Wünschen des Kunden, um die absatzmarktorientierten Unternehmensziele zu erreichen.[204] Zunächst soll auf einige grundlegende Begrifflichkeiten des Marketings eingegangen werden, bevor detaillierter auf den Marketingprozess eingegangen wird. Das Marketing versucht durch die Entwicklung bedarfsgerechter Produkte die Bedürfnisse der Kunden zu erfüllen. Das Wort „Produkt" ist ein Oberbegriff und lässt sich zunächst in **Sachgüter (materielles Produkt)** und **Dienstleistungen (immaterielles Produkt)** unterscheiden. Die Produkte lassen sich weiterhin nach der **Verwendungsreife** (Ur- bzw. Rohstoffe, Halbfertigerzeugnisse und Fertigerzeugnisse), dem **Verwendungszweck** (Verwendung für den privaten Konsum oder im gewerblichen Bereich, ein- oder mehrmalige Nutzung (Verbrauchs oder Gebrauchsgüter), sachbezogene oder personenbezogene Dienstleistung) oder dem **Beschaffungsaufwand** unterscheiden (Convenience Goods, Shopping Goods und Speciality Goods).[205] Als nächstes soll aufgezeigt werden wonach die Käufer ihre Produktauswahl treffen, welche ihr bestimmtes Bedürfnis (ihre bestimmten Bedürfnisse) befriedigen soll(en). Der Käufer entscheidet sich zunächst einmal für das Produkt, welches ihm die höchste Befriedigung des Bedürfnisses (der Bedürfnisse) bietet. Dabei wird die Einschätzung des Kunden hinsichtlich der Eignung des Produktes zur Bedürfnisbefriedigung als **Nutzen** bezeichnet. Da dem Kunden, durch den Nutzen eines Produktes, Kosten entstehen, wird er in einem zweiten Schritt die persönlichen **Nutzen- und Kostenerwartungen** gegeneinander abwägen. Zuletzt wird der Kunde dadurch zufrieden gestellt, dass er mit dem Produkt einen **Nettonut-**

---

[203] Vgl. Kotler, P./Bliemel, F. [2006]: Marketing-Management – Analyse, Planung, Verwirklichung, 10. Auflage, München, S. 42f.
[204] Vgl. Scharf, A., et al. [2009]: Marketing – Einführung in Theorie und Praxis, 4. Auflage, Stuttgart, S. 4 sowie Meffert, H., et al. [2012]: Marketing – Grundlagen marktorientierter Unternehmensführung, 11. Auflage, Wiesbaden, S. 20.
[205] Vgl. Scharf, A., et al. [2009]: Marketing – Einführung in Theorie und Praxis, 4. Auflage, Stuttgart, S. 5f.

zen erzielt hat (Nutzen muss gleich oder höher als die Kosten sein).[206] Der Austauschprozess und die Transaktionen zwischen den Nachfragern (Kunden) und Anbietern (Unternehmen) vollziehen sich am Markt. Vereinfachend kann der Markt anhand der Abbildung 40 erklärt werden. In diesem System kommunizieren beispielsweise die Anbieter Informationen über den Nutzen, die Einsatzmöglichkeiten etc. ihres Produktes an den Nachfrager, welcher sich daraufhin aufgrund der für ihn besten Kosten-Nutzen-Relation für ein Produkt entscheidet und es gegen Entgelt (Geld) im Rahmen des Austauschprozesses erwirbt (Transaktion). Nach dieser Transaktion und der Nutzung des Produktes hat der Kunden eine Vorstellung über den Nettonutzen dieses Produktes und kann diesen dem Unternehmen z.B. im Rahmen einer Marktforschung, einer Kundenzufriedenheitsmessung, einer Beschwerde etc. mitteilen.[207]

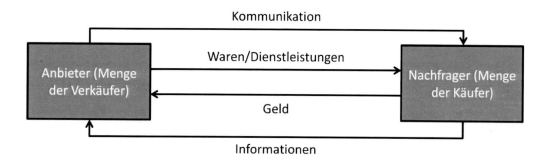

Abbildung 40: Einfaches Marktsystem; Quelle: Vgl. Kotler/Bliemel (2006, S. 20).

In diesem Zusammenhang soll der Markt wie folgt definiert werden: Ein Markt (in der Mikroumwelt) besteht aus einer Menge aktueller und potenzieller Nachfrager mit spezifischen Bedürfnissen sowie einer Menge aktueller und potenzieller Anbieter, welche versuchen diese Bedürfnisse mit ihren Produkten zu befriedigen. Gleichzeitig existiert zwischen den beiden Marktpartnern eine Beziehung.[208] In Bezug darauf kann zwischen dem Markt als Ort (Marketplace) und dem Markt als Raum (Marketspace) unterschieden werden. Der Marketplace

---

[206] Vgl. Scharf, A., et al. [2009]: Marketing – Einführung in Theorie und Praxis, 4. Auflage, Stuttgart, S. 6 sowie Kotler, P./Bliemel, F. [2006]: Marketing-Management – Analyse, Planung, Verwirklichung, 10. Auflage, München, S. 15.
[207] Vgl. Kotler, P./Bliemel, F. [2006]: Marketing-Management – Analyse, Planung, Verwirklichung, 10. Auflage, München, S. 15.
[208] Vgl. Scharf, A., et al. [2009]: Marketing – Einführung in Theorie und Praxis, 4. Auflage, Stuttgart, S. 6 sowie Meffert, H., et al. [2012]: Marketing – Grundlagen marktorientierter Unternehmensführung, 11. Auflage, Wiesbaden, S. 47.

repräsentiert die physisch reale Welt (z.B. Einkaufshaus) und Marketspace repräsentiert die virtuelle Welt (z.B. Einkaufen in einem Online-Shop).[209] An dieser Stelle setzt das Marketing als Managementprozess an, welcher sich wie folgt darstellt (siehe Abbildung 41).

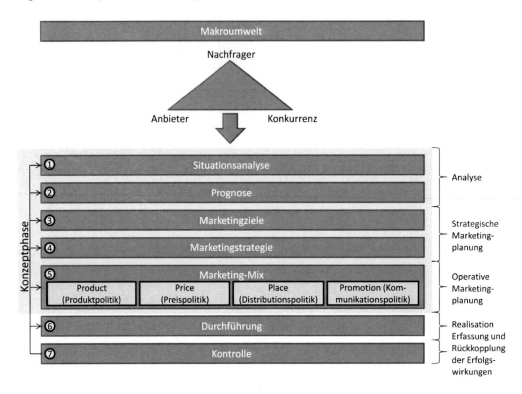

Abbildung 41: Aufgaben des Marketing als Managementprozess, Quelle: Vgl. Meffert et al. (2012, S. 20) sowie Scharf et al. (2009, S. 30).

Da das Marketing als übergeordnetes und umfassendes Leitkonzept der Unternehmensführung zu sehen ist, gleicht der Managementprozess des Marketings teilweise dem Prozess der strategischen Planung (Analyse der Unternehmensumwelt, des Unternehmens und die Ableitung der sich daraus ergebenden Chancen und Risiken anhand der Stärken und Schwächen). Aus diesem Grund soll auf die Phasen der Situationsanalyse und der Prognose nicht mehr weiter eingegangen werden (siehe hierzu „Die strategische Planung" Kapitel 2.1.2.1). Auf die Aufgaben von Zielen wurde bereits im Kapitel 2.1.1 eingegangen und einige spezifische Ziele des Marketings wurden bei der Erklärung der Balanced Scorecard (siehe „kundenorientierte Perspektive" S. 28f.) erwähnt. Das Marke-

---

[209] Vgl. Kotler, P./Bliemel, F. [2006]: Marketing-Management – Analyse, Planung, Verwirklichung, 10. Auflage, München, S. 21.

ting unterscheidet grundsätzlich zwischen den **marktpsychologischen** (z.B. Bekanntheit, Image, Kundenzufriedenheit etc.) und den **marktökonomischen** (z.B. Marktanteil, Absatzmenge, Umsatz etc.) Zielen.[210] Die Abbildung 42 soll aufzeigen wie diese beiden Zielarten des Marketings zusammenhängen.

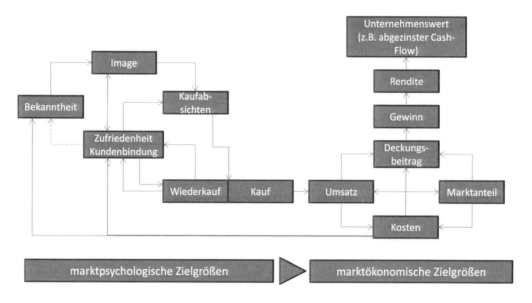

Abbildung 42: Wichtige Zielgrößen im Marketing, Quelle: Scharf et al. (2009, S. 185).

Nachdem die Marketingziele festgelegt wurden, müssen die Marketingstrategien geplant und festgesetzt werden. Die Marketingstrategien stellen dabei die mittel- bis langfristig wirkenden Grundsatzentscheidungen zur **Marktwahl und – bearbeitung** dar. Diese geben die Stoßrichtung für das unternehmerische Handeln vor und bilden ein Bindeglied zwischen den Marketingzielen und den operativen Maßnahmen dem sogenannten „Marketingmix". Bei der Marktbearbeitung unterscheidet das Marketing zwischen den abnehmerorientierten (Marktfeld-, Marktstimulierungs-, Marktparzellierungs- und Marktarealstrategie) und den konkurrenzgerichteten (Kostenführerschafts-, Differenzierungs-, Anpassungs-, Nischen-, Kooperations- und Rückzugsstrategie) Marketing-Strategien.[211] Die konkurrenzgerichteten Marketingstrategien dürfen aber nicht isoliert, sondern nur in direkter Beziehung zu den vier abnehmerorientierten

---

[210] Vgl. Scharf, A., et al. [2009]: Marketing – Einführung in Theorie und Praxis, 4. Auflage, Stuttgart, S. 184f.
[211] Vgl. Scharf, A., et al. [2009]: Marketing – Einführung in Theorie und Praxis, 4. Auflage, Stuttgart, S. 187ff.

Basisstrategien gesehen werden.[212] Auf die konkurrenzgerichteten Strategien wurde bereits im Kapitel 2.1.2.1.3 („Die strategischen Optionen") eingegangen. Anhand der Marktfeld- und der Marktarealstrategie soll der relevante Markt für das Unternehmen bestimmt werden und anhand der Marktstimulierungs- und der Marktparzellierungsstrategie soll bestimmt werden wie der Markt bearbeitet werden soll.[213] Die **Marktfeldstrategie** setzt an der Produkt-Markt-Matrix von Ansoff an. Anhand der Matrix soll festgelegt werden, in welchen Märkten das Unternehmen tätig sein will. Das Unternehmen kann hierbei auf dem gegenwärtigen Markt mit einem gegenwärtigen Produkt (Marktdurchdringung), im Stammmarkt mit einem/einer neuen Produkt/Dienstleistung (Produktentwicklung), auf neuen Märkten (Kunden/Regionen) mit dem/der Stammprodukt/-dienstleistung (Marktentwicklung) oder auf vollkommen neuen Märkten mit neuen Produkten/Dienstleistungen (Diversifikation) tätig werden (siehe hierzu Abbildung 25 im Kapitel 2.1.2.1.2).[214] Bei der **Marktarealstrategie** soll festgelegt werden, ob das Unternehmen eine nationale oder internationale Strategie verfolgt.[215] Auf die Marktwahl (relevanter Markt bzw. Geschäftsfeld) wurde im Rahmen der Analyse der engeren ökonomischen Umwelt (siehe Kapitel 2.1.2.1.1.2) anhand der Produkt-/Marktkombination und der strategischen Optionen (siehe Kapitel 2.1.2.1.3) eingegangen. Die **Marktstimulierungsstrategie** beschreibt, durch welche Art und Weise das Unternehmen seine Absatzmärkte beeinflussen (stimulieren) will. Dabei kann das Unternehmen zwischen zwei grundsätzlichen Marktstimulierungen wählen: dem Preis- oder dem Qualitätswettbewerb. Beim Marketing spricht man von der Präferenz- oder der Preis-Mengen-Strategie. Diese beiden Strategien entsprechen der Kostenschwerpunkt- und der Leistungsdifferenzierungsstrategie aus dem Bereich der strategischen Planung (siehe Kapitel 2.1.2.1.3 „Die strategischen Optionen"). Der Unterschied zwischen der Marktstimulierungsstrategie sowie der Kosten-

---

[212] Vgl. Scharf, A., et al. [2009]: Marketing – Einführung in Theorie und Praxis, 4. Auflage, Stuttgart, S. 185f.
[213] Vgl. Meffert, H., et al. [2012]: Marketing – Grundlagen marktorientierter Unternehmensführung, 11. Auflage, Wiesbaden, S. 292ff.
[214] Vgl. Scharf, A., et al. [2009]: Marketing – Einführung in Theorie und Praxis, 4. Auflage, Stuttgart, S. 189ff. sowie Meffert, H., et al. [2012]: Marketing – Grundlagen marktorientierter Unternehmensführung, 11. Auflage, Wiesbaden, S. 295.
[215] Vgl. Scharf, A., et al. [2009]: Marketing – Einführung in Theorie und Praxis, 4. Auflage, Stuttgart, S. 216ff. sowie Meffert, H., et al. [2012]: Marketing – Grundlagen marktorientierter Unternehmensführung, 11. Auflage, Wiesbaden, S. 296ff.

schwerpunkt- und der Leistungsdifferenzierungsstrategie besteht darin, dass bei der Marktstimulierung die abnehmerorientierte Sichtweise eingenommen wird (und nicht die Wettbewerbssicht). Deswegen muss im Rahmen der Marktforschung analysiert werden, worauf die Kunden des gewählten Marktes (relevanter Markt bzw. Geschäftsfeld) ihre Präferenzen (Produkt mit Mindest- oder Durchschnittsqualität zum besten (günstigsten) Preis oder ein innovatives Produkt mit höherwertiger Qualität, besonderen Serviceleistungen etc. (Grund- plus Zusatznutzen) zu einem höheren Preis) legen.[216] Die **Marktparzellierungsstrategie** legt fest, ob ein Markt differenziert oder undifferenziert bearbeitet werden soll. Bei der Marktparzellierungsstrategie wird zwischen der **Massenmarktstrategie** und der **Marktsegmentierungsstrategie** unterschieden. Die Massenmarktstrategie berücksichtigt nicht die unterschiedlichen Bedürfnisse der einzelnen Individuen, sondern konzentriert sich auf deren Gemeinsamkeiten. Dabei versucht diese Marketingstrategie mit einem Standardprodukt und einem Marketingmix den größtmöglichen Anteil der Kunden des Gesamtmarktes anzusprechen (undifferenziertes Marketing). Diese Strategie kommt im Konsumgüterbereich bei Produkten des täglichen Bedarfs (Convenience Goods) zum Einsatz.[217] Auf die Massenmarktstrategie soll im Rahmen dieses Buches nicht weiter eingegangen werden. Stattdessen soll sich der Marktsegmentierungsstrategie gewidmet werden, weil diese als eine der wichtigsten strategischen Optionen des Marketings angesehen wird.[218] Die Marktsegmentierungsstrategie unterscheidet nochmal zwischen **totaler (differenziertes Marketing)** und **partialer (konzentriertes Marketing) Marktabdeckung**. Bei der totalen Marktabdeckung konzentriert sich das Unternehmen auf den gesamten Markt, wobei der Markt in Segmente unterteilt wird und das Unternehmen diese versucht einzeln durch einen individuellen Marketingmix zu bearbeiten. Bei der partialen Marktabdeckung versucht die Unternehmung nur ein oder einige bestimmte Segmente des Gesamtmarktes zu bearbeiten. Die partiale Marktabdeckung ist insbesondere für klein- und mittelständische Unternehmen geeignet, da diese

---

[216] Vgl. Scharf, A., et al. [2009]: Marketing – Einführung in Theorie und Praxis, 4. Auflage, Stuttgart, S. 199ff.
[217] Vgl. Scharf, A., et al. [2009]: Marketing – Einführung in Theorie und Praxis, 4. Auflage, Stuttgart, S. 206ff.
[218] Vgl. Scharf, A., et al. [2009]: Marketing – Einführung in Theorie und Praxis, 4. Auflage, Stuttgart, S. 209.

meist über geringe Finanzmittel verfügen und dadurch nicht den Gesamtmarkt bearbeiten können.[219] Deshalb sollten sich die Gründer meiner Meinung nach zu Beginn ihrer Gründung am besten auf ein Segment (das lukrativste) konzentrieren und danach sich Stück für Stück weitere Segmente vornehmen. Durch die Bildung von Marktsegmenten wird es möglich, die individuellen Kundenwünsche festzustellen und hieraus die konkreten Hinweise zur differenzierten Anwendung der absatzpolitischen Instrumente zu schließen.[220] Das Ziel dieser Strategie ist es, eine möglichst hohe Homogenität zwischen dem angebotenen Produkt bzw. der angebotenen Dienstleistung und einer bestimmten Abnehmergruppe (Segment) sowie eine möglichst hohe Heterogenität zwischen den einzelnen Segmenten herzustellen. Beim Vorgehen muss einerseits ein Segment identifiziert und beschrieben werden (Markterfassung) und andererseits muss das Segment mit segmentspezifischen Angeboten sowie Maßnahmen bearbeitet werden (Marktbearbeitung).[221] Bei der **Markterfassung** bildet die Abgrenzung des relevanten Marktes nach der Produkt-/Marktkombination (Produktmerkmal, Abnehmer und Region) den Ausgangspunkt der Betrachtung. Als nächstes muss festgelegt werden, welche Kriterien einen heterogenen Gesamtmarkt in homogene Teilmärkte (Segmente) unterteilen.[222] Diese Segmentierungskriterien sollen helfen die unterschiedlichen Käufergruppen voneinander abzugrenzen und zu beschreiben. Die Segmentierungskriterien müssen jedoch gewisse Anforderungen erfüllen. Diese sind die Kaufverhaltensrelevanz, die Aussagefähigkeit für die Marketinginstrumente (Handlungsfähigkeit), die Messbarkeit, die Erreichbarkeit, die zeitliche Stabilität und die Wirtschaftlichkeit.[223] Das Marketing unterscheidet zwischen den sozio-demographischen, den psychographischen und den verhaltensorientierten Segmentierungskriterien (siehe Abbildung 43). In der Praxis wird der Gesamtmarkt oft nach den **sozio-**

---

[219] Vgl. Scharf, A., et al. [2009]: Marketing – Einführung in Theorie und Praxis, 4. Auflage, Stuttgart, S. 210f.
[220] Vgl. Scharf, A., et al. [2009]: Marketing – Einführung in Theorie und Praxis, 4. Auflage, Stuttgart, S. 209.
[221] Vgl. Scharf, A., et al. [2009]: Marketing – Einführung in Theorie und Praxis, 4. Auflage, Stuttgart, S. 209 sowie Meffert, H., et al. [2012]: Marketing – Grundlagen marktorientierter Unternehmensführung, 11. Auflage, Wiesbaden, S. 186f.
[222] Vgl. Scharf, A., et al. [2009]: Marketing – Einführung in Theorie und Praxis, 4. Auflage, Stuttgart, S. 209.
[223] Vgl. Meffert, H., et al. [2012]: Marketing – Grundlagen marktorientierter Unternehmensführung, 11. Auflage, Wiesbaden, S. 193ff.

demografischen Kriterien wie das Geschlecht, das Alter, das Einkommen und die Schulbildung sowie nach den geografischen Kriterien (Wohnort, Größe des Wohnortes etc.) segmentiert. Diese Kriterien sind meistens leicht zu erfassen, zu messen und weisen Hinweise zur zielgruppenspezifischen Marktbearbeitung auf, jedoch erklären diese oft nicht das Kaufverhalten der Käufergruppen.[224]

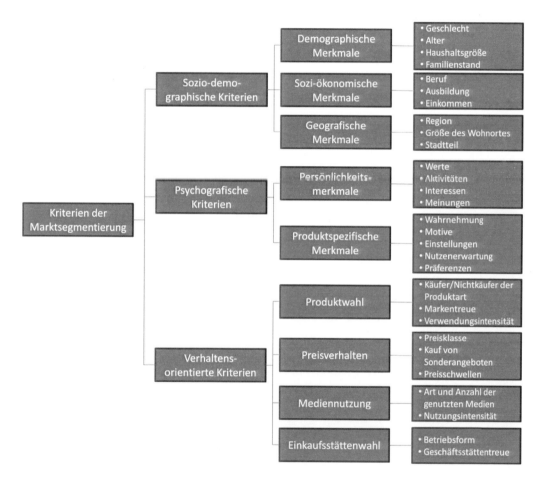

Abbildung 43: Kriterien der Marktsegmentierung, Quelle: Scharf et al. (2009, S. 213).

Die **psychographische** Marktsegmentierung differenziert zwischen den Persönlichkeitsmerkmalen und den produktspezifischen Merkmalen. Dem **Persönlichkeitsmerkmal** „Einstellungen" kommt eine übergeordnete Bedeutung zu, da zum einen das Kriterium isoliert als ein Segmentierungskriterium angewendet werden kann und zum anderen findet dieses Segmentierungskriterium zusätzlich eine direkte (Lebensstilsegmentierung) oder indirekte (Nutzensegmentie-

---

[224] Vgl. Scharf, A., et al. [2009]: Marketing – Einführung in Theorie und Praxis, 4. Auflage, Stuttgart, S. 212f. sowie Meffert, H., et al. [2012]: Marketing – Grundlagen marktorientierter Unternehmensführung, 11. Auflage, Wiesbaden, S. 198ff.

rung) Anwendung in den psychografischen Segmentierungsansätze.[225] Eine der bekanntesten Methoden zur Segmentierung eines Marktes anhand des Lebensstils stellt der Milieu-Ansatz des SINUS-Instituts in Heidelberg dar. Dabei wird jährlich die deutsche Bevölkerung aufgrund von Kriterien wie dem Lebensziel, der sozialen Lage, der Arbeit/Leistung, dem Gesellschaftsbild, der Familie/Partnerschaft, der Freizeit, den Wunsch- und Leitbildern sowie dem Lebensstil in soziale Milieus unterteilt.[226] Bei den **produktspezifischen Merkmalen** kommen Kriterien wie Einstellungen oder Nutzenerwartungen zum Einsatz.[227] Bei der Nutzensegmentierung wird eine Konsumentengesamtheit hinsichtlich ihrer Nutzenvorstellungen bezüglich der Leistungen (Produkt oder Dienstleistung) in die Marktsegmente eingeteilt, wobei diese in sich (intern) homogen und untereinander heterogen sein sollten. So hat die Deutsche Bahn AG zum Beispiel im Jahre 1998 anhand der nutzenrelevanten Kriterien (Service, Ausstattung, Preis, Zeitaufwand und sozialer Nutzen) ihre Segmente in „Reisezeitminimierer", „Preissensible" und „Komfortorientierte" Bahnnutzer geändert (siehe Tabelle 10 im Anhang).[228] Bei der Marktsegmentierung anhand der **verhaltensbezogenen** Kriterien handelt es sich nicht um die Erklärung des Kaufverhaltens (so wie bei sozio-demographischen und psychographischen Merkmalen), sondern um das Ergebnisse des Kaufentscheidungsprozesses (beobachtbares Kaufverhalten). Die Kriterien wie z.B. die Nutzungs- bzw. Verwendungsintensität, die Markentreue, das Preisverhalten, die Einkaufsstättenwahl etc. werden hierbei zur Abgrenzung des Segmentes herangezogen. Die verhaltensbezogenen Kriterien lassen sich in vier (produkt-, preis-, kommunikations- und einkaufsstättenbezogene) Kategorien unterteilen. Eine abschließende Beurteilung der einzelnen Marktsegmentierungskriterien befindet sich in der Tabelle 11 im Anhang. Neben den Konsumgütermärkten (B2C) existieren auch Investitionsgütermärkte (B2B). Diese werden nach anderen Kriterien segmentiert. Mögliche Kriterien wären z.B. demographisch (Branche, Firmengröße, Lage), opera-

---

[225] Vgl. sowie Meffert, H., et al. [2012]: Marketing – Grundlagen marktorientierter Unternehmensführung, 11. Auflage, Wiesbaden, S. 201.
[226] Vgl. Meffert, H., et al. [2012]: Marketing – Grundlagen marktorientierter Unternehmensführung, 11. Auflage, Wiesbaden, S. 205ff.
[227] Vgl. Scharf, A., et al. [2009]: Marketing – Einführung in Theorie und Praxis, 4. Auflage, Stuttgart, S. 214.
[228] Vgl. Meffert, H., et al. [2012]: Marketing – Grundlagen marktorientierter Unternehmensführung, 11. Auflage, Wiesbaden, S. 205ff.

tiv (eingesetzte Technologie), das Einkaufsverhalten (zentraler oder dezentraler Einkauf, Einkaufkriterien etc.), die situativen Faktoren (Dringlichkeit des Bedarfes, Bestellgröße etc.) usw.[229] Nachdem die Markterfassung erfolgt ist, gilt es im Rahmen der **Marktbearbeitung** zunächst das Segment bzw. die Segmente auszuwählen. Dabei wird ein Segment anhand von Kriterien wie Größe des Segments und die im Segment zu erzielenden Absatzmengen, Preise bzw. der zu erzielende Umsatz ausgewählt. Im Anschluss an die Auswahl des Segmentes bzw. der Segmente ist für jedes einzelne Segment die Produkt-, Preis-, Distributions- und Kommunikationspolitik festzulegen, um eine höchstmögliche Bedürfnisbefriedigung der Nachfrager zu erzielen. Die Bearbeitung eines Segmentes ist jedoch nur dann ökonomisch sinnvoll, wenn die zusätzlichen Erlöse durch das neue Segment höher sind als die Kosten.[230] Im nächsten Prozessschritt dem **Marketingmix** gilt es, die Produkt-, Preis-, Distributions- und Kommunikationspolitik festzulegen. Die einzelnen Instrumente sollen wie folgt definiert werden:

- „Die **Produktpolitik** wird oft als „Herzstück" des Marketing bezeichnet."[231] Dabei beinhaltet sie alle Entscheidungen und Aktivitäten aus markt- und kompetenzbasierter Sicht zur Gestaltung des vom Unternehmen angebotenen Produktes. Wichtige Aufgabenbereiche bestehen in der Entwicklung erfolgreicher neuer Produkte sowie in der ständigen Verbesserung bereits bestehender Produkte.[232]
- „Die **Preispolitik** beinhaltet alle absatzpolitischen Maßnahmen zur ziel- und marktgerechten Gestaltung des Preises von Sach- oder Dienstleistungen."[233] Dabei bildet die Preispolitik nicht nur die Entscheidung hin-

---

[229] Vgl. Cristea, A. [2010]: Planen, gründen, wachsen – Mit dem professionellen Businessplan zum Erfolg, 5. Auflage, Heidelberg, S. 80.
[230] Vgl. Scharf, A., et al. [2009]: Marketing – Einführung in Theorie und Praxis, 4. Auflage, Stuttgart, S. 209.
[231] Scharf, A., et al. [2009]: Marketing – Einführung in Theorie und Praxis, 4. Auflage, Stuttgart, S. 35.
[232] Vgl. Scharf, A., et al. [2009]: Marketing – Einführung in Theorie und Praxis, 4. Auflage, Stuttgart, S. 35 sowie Meffert, H., et al. [2012]: Marketing – Grundlagen marktorientierter Unternehmensführung, 11. Auflage, Wiesbaden, S. 385.
[233] Scharf, A., et al. [2009]: Marketing – Einführung in Theorie und Praxis, 4. Auflage, Stuttgart, S. 35.

sichtlich des optimalen Angebotspreises für die bestehenden und die neuen Produkte, sondern auch die möglichen Rabatte, die Finanzierungsangebote, die Lieferungs-, die Zahlungs- und die Kreditierungsbedingungen sowie die Preisdurchsetzung am Markt.[234]

- „Die **Distributionspolitik** bezieht sich auf alle Entscheidungen und Handlungen eines Herstellers [bzw. Unternehmens, Anm. d. Verf.], die mit dem Weg seiner Produkte bis zum Endkäufer in Verbindung stehen."[235]

- „Zur **Kommunikationspolitik** zählen sämtliche Maßnahmen, die darauf abzielen, die Kenntnisse, die Einstellungen und die Verhaltensweisen von den Marktteilnehmern [einer relevanten Zielgruppe, Anm. d. Verf.] gegenüber den Unternehmensleistungen zu beeinflussen. Die Kommunikationspolitik wird deshalb auch als „Sprachrohr" des Marketing bezeichnet."[236] Dazu zählen die klassische Kommunikationsinstrumente wie die Werbung (im Fernsehen oder Radio), die Öffentlichkeitsarbeit (PR), das Event-Marketing etc. und die Kommunikationsinstrumente des Online-Marketings wie z.B. das Suchmaschinenmarketing, das Affiliate-Marketing, das Banner-Marketing, das virale Marketing in sozialen Netzwerken etc.[237]

Auf die Managementphasen „Durchführung" und „Kontrolle" soll nicht weiter eingegangen werden, da diese bei der Businessplanerstellung nicht benötigt werden.

---

[234] Vgl. Scharf, A., et al. [2009]: Marketing – Einführung in Theorie und Praxis, 4. Auflage, Stuttgart, S. 35f. sowie Meffert, H., et al. [2012]: Marketing – Grundlagen marktorientierter Unternehmensführung, 11. Auflage, Wiesbaden, S. 466.
[235] Scharf, A., et al. [2009]: Marketing – Einführung in Theorie und Praxis, 4. Auflage, Stuttgart, S. 36.
[236] Scharf, A., et al. [2009]: Marketing – Einführung in Theorie und Praxis, 4. Auflage, Stuttgart, S. 36.
[237] Vgl. Scharf, A., et al. [2009]: Marketing – Einführung in Theorie und Praxis, 4. Auflage, Stuttgart, S. 36 sowie Kollmann, T. [2007]: Online-Marketing – Grundlagen der Absatzpolitik in der Net Economy, 1. Auflage, Stuttgart, S. 175ff.

3. Der Leverage-Effekt und die neuartige Finanzierungsform „Crowdinvesting"

Im Rahmen der operativen und taktischen Planung (Kapitel 2.1.2.2) wurde bereits angesprochen, dass eine Planbilanz wichtig ist für die Ermittlung der Leverage-Chance bzw. des Leverage-Risikos. Beim Financial Leverage wird die Optimierung der Kapitalstruktur angestrebt. Den Ausgangspunkt bei dieser Überlegung bildet der funktionelle Zusammenhang zwischen der Eigenkapitalrendite und dem Verschuldungsgrad (Fremdkapital dividiert durch Eigenkapital). Die Abhängigkeit der Eigenkapitalrentabilität vom Fremdfinanzierungsanteil wird als Leverage-Effekt bezeichnet. In diesem Modell wird zum einen zwischen dem Eigen- und Fremdkapital unterschieden und zum anderen werden gewisse Aufteilungsregeln beim Eigen- und Fremdkapital unterstellt. Der Fremdkapitalgeber erhält aus den Periodenüberschüssen den vorher definierten Fremdkapitalzins und das Eigenkapital verzinst sich mit der verbleibenden Residualgröße (Periodenüberschuss (Jahresüberschuss) abzüglich Fremdkapitalzinsen). Aus diesen Überlegungen resultiert, dass die **Eigenkapitalrendite** mit steigendem Verschuldungsgrad **sinkt**, wenn die **Gesamtkapitalrentabilität kleiner** ist als der **Fremdkapitalzins i**. Der Verschuldungsgrad steigt durch die Erhöhung des Fremdkapitals oder die Senkung des Eigenkapitals. Dieser negative Effekt wird als **Leverage-Risiko oder Leverage-Gefahr** bezeichnet. Der umgekehrte Fall würde die Leverage Chance darstellen. Der funktionelle Zusammenhang zwischen der Eigenkapitalrendite und dem Verschuldungsgrad lässt sich anhand der folgenden Formel darstellen (siehe Abbildung 44).[238]

---

[238] Vgl. Perridon, L./Steiner, M. [1999]: Finanzwirtschaft der Unternehmung, 10. Auflage, München, S. 473ff.

$$r_{EK} = \underbrace{r_{GK} + ((r_{GK} - i)}_{\text{Leistungswirtschaftliches Risiko}} \times \underbrace{V)}_{\text{Kapitalstrukturrisiko}}$$

r_{EK} = Eigenkapitalrentabilität
r_{GK} = Gesamtkapitalrentabilität
i = Fremdkapitalzins (Zinssatz des Fremdkapitalgebers)
V = Verschuldungsgrad
r_{EK} = Reingewinn (Jahresüberschuss)/Eigenkapital x 100
r_{GK} = Reingewinn (Jahresüberschuss) + Fremdkapitalzins/Gesamtkapital (EK+FK) x 100
V = Fremdkapital (FK)/Eigenkapital (EK)

Abbildung 44: Der Zusammenhang zwischen Eigenkapitalrentabilität und Verschuldungsgrad, Quelle: eigene Darstellung, Daten entnommen aus Perridon/Steiner (1999, S. 474).

In diesem Modell bildet die Gesamtkapitalrentabilität das leistungswirtschaftliche Risiko ab, welches durch den Markt und den Wettbewerb bestimmt wird. Das Kapitalstrukturrisiko spiegelt sich im Verschuldungsgrad wieder. Auf den Verschuldungsgrad kann das Unternehmen direkten Einfluss nehmen. Beispielsweise kann es durch die Aufnahme eines atypisch stillen Gesellschafters (Beteiligung eines atypisch stillen Gesellschafter wird als Eigenkapital angesehen, hierzu später mehr) den Verschuldungsgrad senken und somit das Kapitalstrukturrisiko beeinflussen. Die Abbildung 45 zeigt einerseits die Leverage-Chance (r_1) und andererseits das Leverage-Risiko (r_2). Bei der Eigenkapitalrentabilität (r_2) sieht man außerdem, dass in diesem Beispiel ab einem Verschuldungsgrad von 1 ein Eigenkapitalverzehr eintritt, d.h. es werden Verluste erwirtschaftet. In diesem Fall kann das Unternehmen versuchen entweder das leistungswirtschaftliche Risiko zu erhöhen (Erhöhung der Gesamtkapitalrentabilität) oder das Kapitalstrukturrisiko zu senken. Da das leistungswirtschaftliche Risiko vom Markt und Wettbewerb beeinflusst wird, kann das Unternehmen in dem Fall kurzfristig nur den Verschuldungsgrad direkt beeinflussen indem es versucht Eigenkapital zu beschaffen.[239]

---

[239] Vgl. Perridon, L./Steiner, M. [1999]: Finanzwirtschaft der Unternehmung, 10. Auflage, München, S. 473ff.

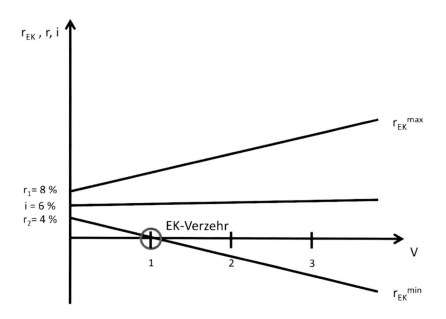

Abbildung 45: Die Leverage-Chance bzw. das Leverage-Risiko, Quelle: Vgl. Perridon/Steiner (1999, S. 478).

Vor diesem Hintergrund ist es wichtig, dass die Start-Ups bei der Gründung ihres Unternehmens eine solide Eigenkapitalbasis aufweisen. In diesem Zusammenhang ist es meines Erachtens wichtig, dass die Gründer neben den klassischen Formen der Eigenkapitalaufnahme, auf eine alternative neuartige Form der Eigenkapitalbeschaffung dem sogenannten „Crowdinvesting" als Sonderform des „Crowdfunding" zurückgreifen können. Zunächst soll das Grundprinzip des Crowdfunding erläutert werden. Als Pionier des Crowdfunding gilt Brian Camelio der Gründer von „Artistshare.com", welcher das Crowdfunding als Fan Funding definierte. Jeff Howe versuchte als erster den Begriff „Crowdfunding" zu definieren, wobei seine Definition an die Begrifflichkeit des Crowdsourcing anlehnt.[240] Das Crowdfunding lässt sich wie folgt definieren:

Beim Crowdfunding (auch Schwarmfinanzierung) wird innerhalb eines Finanzierungszeitraumes eine Aktion (wie z.B. Musik- oder Videoprojekte, Geschäftsideen etc.) eines Initiators freiwillig durch eine anonyme Masse von Menschen (Crowdfunder) finanziert. Die Crowdfunder können hautnah an der Entstehung der Aktion beteiligt oder sogar in den Entstehungsprozess der Aktion mit eingebunden werden. Weiterhin erhofft sich der Initiator, dass die Crowdfunder die

---

[240] Wikipedia, Die frei Enzyklopädie (Hrsg.): Crowdfunding, 05.08.2012, Online im Internet: http://de.wikipedia.org/w/index.php?title=Crowdfunding&oldid=106407549, [2012-08-21].

Aktion über Mundpropaganda oder soziale Netzwerke in ihrem Netzwerk (z.B. Freundes- oder Bekanntenkreis) bewerben und dadurch sich die Crowd der potenziellen Unterstützer vergrößert. Die Kommunikation zwischen Initiator und den Crowdfunder erfolgt über eine Webplattform. Nach einer erfolgreichen Finanzierung und einem zukünftigen Erfolg der Aktion werden die Crowdfunder anteilig vergütet oder erhalten spezielle Vorteile als Gegengenleistung.[241]

Das Crowdfundingsystem könnte wie folgt dargestellt werden (siehe Abbildung 46).

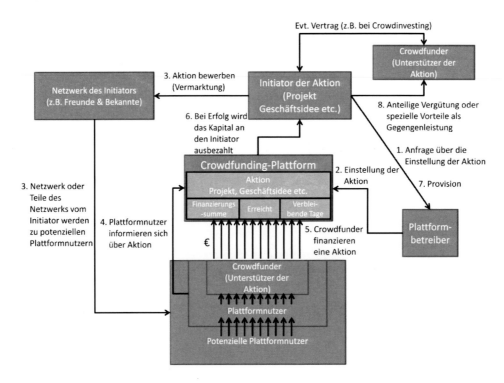

Abbildung 46: Das System des Crowdfunding, Quelle: eigene Darstellung.

Es startet damit, dass der Initiator seine Aktion (Projekt, Geschäftsidee etc.) beim Crowdfunding-Plattformbetreiber vorstellt und dieser nach einer Prüfung der Aktion (Vorauswahl) auf der Plattform einstellt. Sobald die Aktion eingestellt ist, bewirbt der Initiator seine Aktion in seinem Netzwerk, woraufhin sich sein Netzwerk oder Teile dieses auf der Crowdfunding-Plattform anmelden und die

---

[241] Vgl. Dudenverlag Bibliographisches Institut GMBH/Trendbüro Beratungsunternehmen für gesellschaftlichen Wandel B.G.W. GmbH (Hrsg.): Crowdfunding, Online im Internet: http://szenesprachenwiki.de/definition/crowdfunding/, [2012-08-21] sowie Heimbuch, A. (Hrsg.): Und es wurde Crowdfunding, 13.12.2010, Online im Internet: http://blogs.tu-ilmenau.de/crowdsourcing/und-es-wurde-crowdfunding/, [2012-08-21].

Aktion unterstützen. Meiner Meinung nach vergrößert sich so (neben der Vermarktungsmaßnahmen des Plattformbetreibers) das Netzwerk des Plattformbetreibers. Gleichzeitig informieren sich auch die bereits angemeldeten Plattformnutzer über die Aktion und entscheiden darüber, ob sie diese unterstützen wollen oder nicht. Erreicht die Aktion den Mindestkapitalbedarf oder übertrifft diesen sogar, dann wird das eingesammelte Kapital (abzüglich einer Provision für den Plattformbetreiber) an den Initiator ausbezahlt. Eventuell wird wie z.B. beim Crowdinvesting ein Vertrag (Beteiligungsvertrag) zwischen den Crowdfundern und dem Initiator geschlossen. Nach Ablauf einer bestimmten Frist oder nach Abschluss der Aktion werden die Crowdfunder anteilig vergütet oder erhalten einen speziellen Vorteil (z.B. bei Filmen Erwähnung im Abspann etc.) als Gegenleistung. Beim klassischen Crowdfunding werden größtenteils Projekte aus dem künstlerischen, kulturellen oder sozialen Bereich (z.B. „Film und Video", „Musik", „Literatur" etc.)[242] gefördert, aber manchmal auch Projekte aus anderen Bereichen (wie z.B. „Design und Erfindung"[243]). Zu den bekanntesten klassischen Crowdfunding-Plattformen in Deutschland gehören „Inkubato", „mySherpas", „Pling", „Strartnext" und „VisionBakery".[244] Bei den klassischen Crowdfunding-Plattformen werden meistens kleinere Projekte (Ø 3.108 € pro Projekt) mit kleineren Geldbeträgen der Crowdfunder finanziert. Dabei wurde durch die SKS-Kairos GbR im Rahmen eines Monitors der Crowdfundingszene ermittelt, dass seit dem Start (erstes Quartal 2011) des Crowdfunding in Deutschland bis zum zweiten Quartal 2012 durch die oben aufgeführten Plattformen Kapital von knapp 1,1 Mio. € eingesammelt wurde.[245] An dieser Stelle soll nicht weiter auf den klassischen Crowdfunding Markt eingegangen werden, sonder auf die Sonderform, das „Crowdinvesting". Zurzeit sind fünf Crowdinvesting-Plattformen („Seedmatch", „Innovestment", „Mashup-Finance", „Gründerplus" und „Compa-

---

[242] Stratnext Crowdfunding gUG (Hrsg.): Projekte entdecken, Online im Internet: http://www.startnext.de/Projekte.html, [2012-08-21].
[243] Stratnext Crowdfunding gUG (Hrsg.): Squiz Teabag, Online im Internet: http://www.startnext.de/squiz-teabag, [2012-08-21].
[244] Vgl. Wikipedia, Die frei Enzyklopädie (Hrsg.): Crowdfunding, 05.08.2012, Online im Internet: http://de.wikipedia.org/w/index.php?title=Crowdfunding&oldid=106407549, [2012-08-21].
[245] Vgl. SKS-Kairos GbR (Hrsg.): Der Monitor von Für-Gründer.de – Entwicklung von Crowdfunding und Crowdinvesting in Deutschland, 30.06.2012, S. 7, Online im Internet: http://www.fuer-gruender.de/fileadmin/mediapool/Unsere_Studien/Crowd_funding_2012/Crowd_funding-Monitor_2012_H1_2012.pdf, [2012-08-21].

nisto") am Markt tätig, wobei Gründerplus und Companisto zunächst nur Kapital für ihr eigenes Unternehmen eingesammelt haben. Weitere Plattformen wie z.B. „Devexo", „United Equity", „Welcome Investment", „Group Capital" etc. sind in der Planungs- oder Startphase und weisen meist im Gegensatz zu den bereits etablierten Plattformen alternative Geschäftsmodelle auf. Im zweiten Quartal des Jahres 2012 haben die am Markt tätigen Crowdinvesting-Plattformen (Seedmatch, Innovestment, Mashup-Finance und Gründerplus) 896.981 € Kapital eingesammelt, wobei die Gründerplus GmbH in dem Zeitraum nur sich selbst finanziert hat (57.481 €), die Seedmatch GmbH mit 700.000 € eingesammelten Kapital Marktführer ist, die Innovestment GmbH mit 85.500 € eingesammelten Kapital folgt und die Mashup Finance UG bisher nur ein Projekt abgeschlossen hat (54.000 €).[246] Vor dem Hintergrund soll nur auf die zwei größten Crowdinvesting-Plattformen Seedmatch und Innovestment eingegangen werden. Das Geschäftsmodell der beiden Plattformen gleicht sich zum größten Teil und sieht folgendermaßen aus (siehe Abbildung 47).

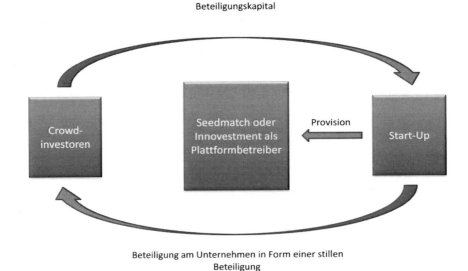

Abbildung 47: Das Crowdinvesting-System, Quelle: eigene Darstellung.

---

[246] Vgl. SKS-Kairos GbR (Hrsg.): Der Monitor von Für-Gründer.de – Entwicklung von Crowdfunding und Crowdinvesting in Deutschland, 30.06.2012, S. 22ff., Online im Internet: http://www.fuer-gruender.de/fileadmin/mediapool/Unsere_Studien/Crowd_funding_2012/Crowd_funding-Monitor_2012_H1_2012.pdf, [2012-08-21].

Das Crowdinvesting setzt beim oben vorgestellten Modell an und wird durch das spezifische System des Crowdinvesting ergänzt. Beim Crowdinvesting investieren die Investoren einen Geldbetrag (Einlage) in das Start-Up, woraufhin das Start-Up zwischen sich und jedem Investor einen Vertrag über eine stille Beteiligung erstellt. Dabei vermitteln die Plattformbetreiber nur beide Vertragsparteien und pflegen die Plattform, auf welcher die Verträge verwaltet werden sowie die Kommunikation zwischen dem Start-Up und den Investoren stattfindet. Bei **Seedmatch** kann bereits ab einem Betrag von **250 €** investiert werden und bei **Innovestment** wird ein Auktionsmechanismus eingesetzt, wobei das Mindestgebot meistens mit **1.000 €** beginnt.[247] Bei einer stillen Gesellschaft (§§ 230 – 236 HGB) handelt es sich um eine reine Innengesellschaft und es wird zwischen der **typisch und atypisch stillen Beteiligung** unterschieden. Da es sich um eine Innengesellschaft handelt, geht die Einlage in das Vermögen des Unternehmens über und ist dadurch für Außenstehende aus der Bilanz nicht ersichtlich. Bei der **typisch stillen Beteiligung** verpflichtet sich das Unternehmen den Stillen (Investor) **anteilig am operativen Unternehmenserfolg zu beteiligen**. Bei der **atypisch stillen Beteiligung** wird der Stille an den **stillen Reserven eines Unternehmens (Unternehmenswert) beteiligt**.[248] Beim Crowdinvesting werden auf den beiden Plattformen die Crowdinvestoren gemäß ihrer Beteiligungshöhe am operativen Unternehmenserfolg und auch an den stillen Reserven eines Unternehmens (Unternehmenswert) beteiligt. Zur Beurteilung des Unternehmenswertes wird eine Bewertung des Start-Ups zum jetzigen Zeitpunkt und zu einem späteren Zeitpunkt (nach ca. fünf bis sieben Jahren) vorgenommen. Da die Investoren bei beiden Plattformen zusätzlich an den stillen Reserven des Unternehmens beteiligt werden, ist die Beteiligung meiner Ansicht nach als eine atypisch stille Beteiligung und somit als Eigenkapital anzusehen. Für die Vermittlung der Crowdinvestoren, die Verwaltung der Verträge zwischen Crowdinvestoren und dem Start-Up sowie die Verwaltung

---

[247] Vgl. SKS-Kairos GbR (Hrsg.): Der Monitor von Für-Gründer.de – Entwicklung von Crowdfunding und Crowdinvesting in Deutschland, 30.06.2012, S. 25f., Online im Internet: http://www.fuer-gruender.de/fileadmin/mediapool/Unsere_Studien/Crowd_funding_2012/Crowd_funding-Monitor_2012_H1_2012.pdf, [2012-08-21].
[248] Vgl. Perridon, L./Steiner, M. [1999]: Finanzwirtschaft der Unternehmung, 10. Auflage, München, S.350ff.

der Plattform behält der Plattformbetreiber eine Provision ein (Seedmatch 5 – 10 % und Innovestment 8 %). Weiterhin unterscheiden sich die beiden Unternehmen in der Höhe des Höchst- und Mindestkapitalbedarfs, welcher vom Start-Up festzulegen ist (bei Seedmatch zurzeit 100.000 €/50.000 € und bei Innovestment zurzeit 100.000 €/75.000 €). Zum Schluss sollen kurz die Vor- und Nachteile des Crowdinvesting für die Gründer aufgezeigt werden. Meiner Meinung nach sind die wesentlichen Vorteile des Crowdinvesting, dass den Start-Ups eine alternative Form zur Eigenkapitalbeschaffung ermöglicht wird und die Idee des Start-Up sich zusätzlich über die Netzwerke der Investoren verbreitet (zusätzliche Vermarktung). Als wesentlicher Nachteil ist anzumerken, dass das Unternehmen eine große Menge unternehmensinterner Informationen an eine anonyme Masse (eventuell potenzielle Konkurrenten) weitergibt. Vor allem bei Seedmatch kann jeder angemeldete Nutzer auf die Businesspläne der jeweiligen Start-Ups zugreifen.

4. Schluss

Im Rahmen dieses Buches wurde den Gründern zunächst der Grund für das wirtschaftliche Handeln aufgezeigt. Dabei resultiert dieser aus den unbegrenzten menschlichen Bedürfnissen und der begrenzten Möglichkeiten der Bedürfnisbefriedigung durch die Unternehmen (Tatbestand der Güterknappheit). Als nächstes wurde den Gründern vereinfacht das System der Unternehmung inklusive seiner Umsysteme (Lieferanten, Kapitalgeber, Kunden etc.) und die Aufgaben der Unternehmensführung erläutert. Außerdem wurden die Gründer an den Planungs- und Entscheidungsprozess herangeführt. Hierbei wurden Ihnen zunächst im Rahmen des Zielbildungsprozesses die Grundlagen der Zielbildung (Funktionen und Dimensionen von Zielen) aufgezeigt und im Anschluss die Anforderungen an ein Zielsystem sowie die Balanced Scorecard mit ihren vier Perspektiven (die finanzielle und kundenorientierte Perspektive, die interne Geschäftsprozessperspektive sowie die Innovationsperspektive) erläutert. Beim Planungsprozess wurden die Gründer zunächst auch mit den Grundlagen der Planung vertraut gemacht und ihnen wurden die Unterschiede zwischen der strategischen, der taktischen und der operativen Planung aufgezeigt. Bei der strategischen Planung wurden zunächst anhand der drei „strategischen Grundfragen" das Ziel und die Aufgaben der strategischen Planung veranschaulicht. Dabei bestand das Ziel der strategischen Planung darin die Umwelt des Unternehmens (allgemeine Umwelt, ökonomische Umwelt und Konkurrenzanalyse) und das Unternehmen selbst anhand der „Outside-In" Perspektive (Kundenbedürfnisse) sowie der „Inside-Out" Perspektive (Kompetenzen) zu analysieren. Daraufhin wurden den Gründern die grundlegenden Wettbewerbsstrategien und die SWOT-Analyse erklärt, welche sich aus den Chancen und Risiken der Unternehmensumwelt sowie den Stärken und Schwächen des Unternehmens ableiten lässt. Im Rahmen der operativen und taktischen Planung wurde auf die Aufteilung dieser in die Planung des Realgüterprozesses und des Wertumlaufprozesses eingegangen. Im Bereich des Wertumlaufprozesses wurden den Gründern kurz die Grundlagen der Finanzrechnung und des Rechnungswesens dargestellt. Im letzten Kapitel (Kapitel 2.1.3) des Planungs- und Entscheidungsprozesses wurden ihnen Mechanismen zur Beurteilung und Auswahl von alternativen Maßnahmen veranschaulicht. Als nächstes mussten den Gründern die Grundlagen der Unternehmensorganisation und der Personalplanung vermittelt werden. Bei der Unternehmensorganisation wurde den Gründern das Analyse-Synthese-Konzept von Kosiol vorgestellt. Unter Zuhilfenahme dieses sollten sie in der Lage sein ein Organigramm zu erstellen, Stellen zu planen und diesen Aufgaben, Strukturen sowie Kompetenzen zuzuordnen (Voraussetzung für eine Stellenbeschreibung). Anhand der vorgestellten Stellenplanmethode im Rahmen der Personalbedarfsplanung sollten die Gründer befähigt werden den Personalbedarf quantitativ (Stellenplan) und qualitativ (Stellenbeschreibung, Anforderungsprofil) zu planen. Durch das Anforderungsprofil hätten die Gründer zugleich eine Mustervorlage über die geforderten bzw. benötigten Qualifikationen und Kompetenzen einer Planstelle, welche für eine Stellenausschreibung im Bereich des Personalbeschaffungsprozess verwendet werden könnten. Zuletzt wurden ihnen in diesem Kapitel kurz einige alternative Beschäftigungsmodelle vorgestellt. Im Kapitel „die Marketinggrundlagen" wurde den Gründern nochmal erläutert warum das Marketing den Engpassfaktor bildet und einige grundlegende Merkmale des Marketing erklärt. Danach wurde den Gründern der Marketingprozess veranschaulicht, wobei die Aufgaben der Situationsanalyse und der Prognose bereits im Rahmen der strategischen Planung erläutert wurden. Bei den Marketingzielen wurde zwischen den marktpsychologischen wie auch den marktökonomischen Zielen unterschieden und der Zusammenhang zwischen den beiden Zielarten dargestellt. Danach wurden die Marketingstrategien vorgestellt, welche zum einen die Auswahl des relevanten Marktes (Marktfeld- und Marktarealstrategie) und zum anderen die Marktbearbeitung festlegen sollen (Marktstimulierungs- und Marktparzellierungsstrategie). Abschließend wurden die operativen Instrumente des Marketing (Produkt-, Preis-, Distributions- und Kommunikationspolitik) definiert und kurz erläutert. Im letzten Kapitel dieses Buches wurde zunächst der Financial Leverage erklärt, welcher die Abhängigkeit der Eigenkapitalrentabilität von dem Fremdfinanzierungsanteil (Leverage-Effekt) darstellt. Vor diesem Hintergrund wurde den Gründern eine alternative Form der Eigenkapitalbeschaffung das sogenannte „Crowdinvesting" vorgestellt, welches als Sonderform des „Crowdfunding" anzusehen ist. Des Weiteren wurde detaillierter auf die zwei größten Crowdinvesting-Plattformen (Seedmatch und Innovestment) eingegangen sowie deren Vor- und Nachteile aufgezeigt. Durch dieses Buch wurden erste Grundlagen für die Erstellung des Businessplans geschaffen. Wenn die Gründer zusätzlich den rechtlichen Leitfaden von Osborne Clarke[249], die Grundsätze ordnungsgemäßer Planung des Bundesverband der Unternehmensberater[250] und das Handbuch des NUK Neues Unternehmertum Rheinland e.V.[251] durcharbeiten, sollten diese in der Lage sein einen ersten Entwurf ihres Businessplans zu erstellen. Weiterhin könnten die Gründer auf die Crowdinvesting-Plattformen zurückgreifen, um zu analysieren wie andere Gründer gewisse Schwierigkeiten des Businessplans gemeistert haben. Falls das Crowdfunding im Allgemeinen die Gründer fasziniert hat oder falls das Crowdfunding für eine innovative Marketingmaßnahme bzw. zur Finanzierung dieser genutzt werden möchte, dann können die Gründer sich auf dem Blog von Leander Wattig[252] über weitere nationale und internationale Crowdfunding-Plattformen informieren.

---

[249] Link zum Download des E-Books: http://www.osborneclarke.de/media/sectors/digital-business/getting-started-kostenloses-e-book-fuer-existenzgruender.aspx.
[250] Link zum Download des E-Books: http://www.bdu.de/downloads/FG/AOU/gop2.1-web.pdf.
[251] Link zum Download des E-Books: http://www.neuesunternehmertum.de/wp-content/uploads/2011/07/NUK_Handbuch_2012.pdf.
[252] Link zum Blog: http://leanderwattig.de/index.php/2010/10/22/liste-mit-crowdfunding-plattformen-wer-kennt-noch-andere/.

Anhang

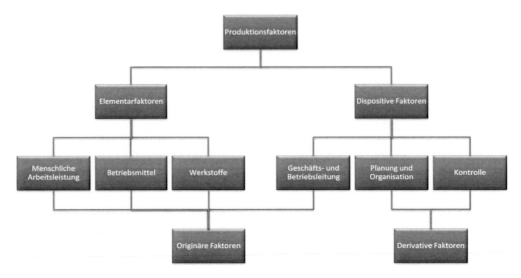

Abbildung 48: Das System der betrieblichen Produktionsfaktoren, Quelle: Jung (2010, S. 9)

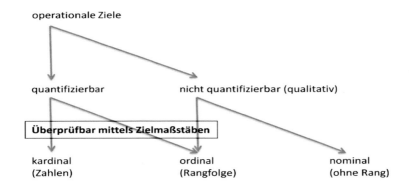

Abbildung 49: Unterscheidung zwischen quantitativen und qualitativen Zielen, eigene Darstellung.

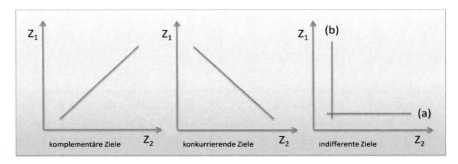

Abbildung 50: Zielbeziehungen, Quelle: Wöhe/Döring (2010, S. 74).

Regionales Kreditinstitut	
Mission	Ihre schnelle Bank
Vision	Wir werden die profitabelste Regionalbank.
Strategien	Kreditentscheidungen für Baukredite treffen wir innerhalb von 24 Stunden.
	In vier Jahren wollen wir mit unseren Kunden mindestens 50 % aller Transaktionen über das Electronic Banking abwickeln.
Kundenperspektive	Neukunden für elektronisches Bankgeschäft
	Kundengewinnung durch Empfehlung
	Dauer des Kreditgespräches
	Anteil Kreditabschlüsse beim Kunden
Geschäftsprozessperspektive	Zeitbedarf für Kreditgewährung
	Anteil abgelehnter Anträge
	Durchschnittliche Kundenwartezeit
Mitarbeiterperspektive (Innovationsperspektive)	Schulungsquote
	Anzahl Kontoeröffnungen
	Nutzungsquote „Bankomat"
Finanzperspektive	Anteil elektronischer Aufträge
	Wachstum Kreditvolumen/Einlagen
	Ausfallquote bei Krediten
Öffentliche Perspektive	Anzahl Kontakte zu Bürgermeister

Tabelle 6: Beispiel regionales Kreditinstitut, Quelle: Friedag/Schmidt (2000, S. 249f.).

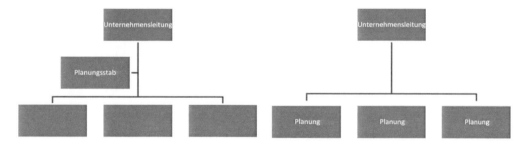

Abbildung 51: Planungszentralisation und -dezentralisation, Quelle: eigene Darstellung.

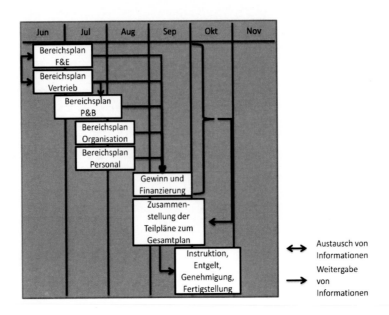

Abbildung 52: Möglicher Zeitlicher Ablauf der Planung in einem Planjahr, Quelle: Vgl. Hammer (1998, S. 71).

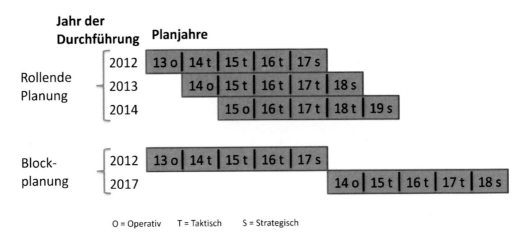

Abbildung 53: Unterschied zwischen rollender Planung und Blockplanung, Quelle: Thommen (2009, S. 957).

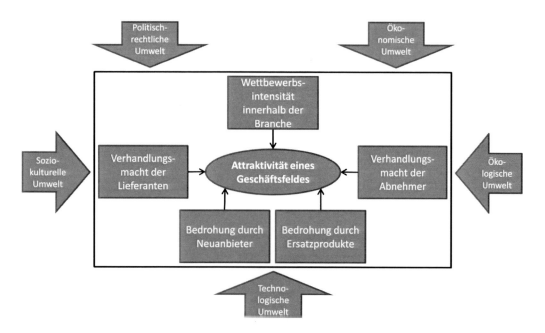

Abbildung 54: Der Zusammenhang zwischen der allgemeinen und engeren Umwelt sowie deren Wirkungen auf die Attraktivität des Geschäftsfeldes, Quelle: Vgl. Steinmann/Schreyögg (2005, S. 191).

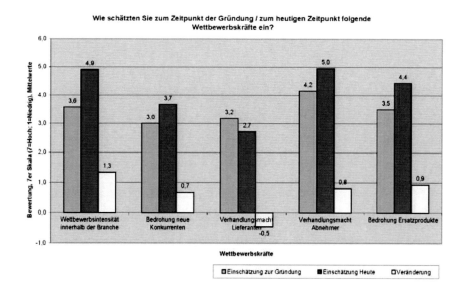

Abbildung 55: Einschätzung der Wettbewerbskräfte zum Gründungs- und Erhebungszeitpunkt durch die Gewinner(-teams) des BPW Berlin-Brandenburg 96 – 04, Quelle: Ripsas, S. et al. (2008, S. 15).

	Beschreibung relevanter Umweltentwicklungen	Beschreibung von	
		Chancen	Risiken
Allgemeine Umwelt – Politisch-rechtlich			
Allgemeine Umwelt – Ökonomisch			
Allgemeine Umwelt – Sozio-kulturell			
Allgemeine Umwelt – Technologisch			
Allgemeine Umwelt – Ökologisch			
Geschäftsfeld			
Konkurrenz			

Abbildung 56: Chancen-/Risiko-Profil der Umweltanalyse, Quelle: Vgl. Welge/Al-Laham (2003, S.234).

Ressourcen (Leistungspotenziale)	Entwicklung der letzten 5 Jahre			Vergleich zur Konkurrenz			Vergleich zur Marktentwicklung			Vergleich mit KEF			
	besser +10	gleich –	schlecht –10	besser +10	gleich –	schlecht –10	gut +10	–	schlecht –10	gut +10	–	schlecht –10	
Marketing		+1			+5			–3			+7		+10
Forschung & Entwicklung		+3			–5			+1			+6		+5
Produktion		+8			0			0			–2		+6
Versorgung mit Rohstoffen und Energie		+4			+3			–8			0		–1
Standort		+2			+2			–10			+1		–5
Finanzsituation		+6			–3			–5			–6		–8
Kostensituation		+1			+2			–2			–1		0
Technisches Potenzial		+10			–3			+8			–8		+7
Qualität der Führungskräfte		+3			–5			–10			–2		+6
Personelles Potenzial		+4			+7			–8			–3		0
Führungssystem		–5			–8			+8			+1		–4
⋮													

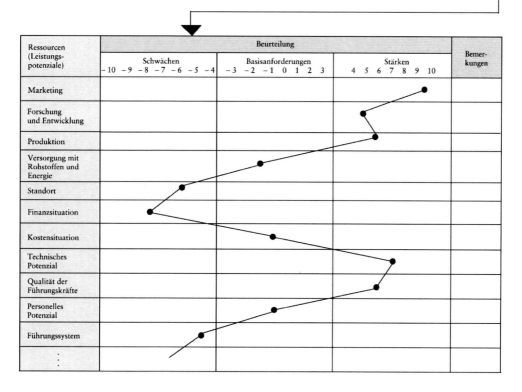

Abbildung 57: Beispielhafte Erstellung des Stärken-/Schwächen-Profils, Quelle: Welge/Al-Laham (2003, S. 290).

	Stärken/ Strengths (S)	Schwächen/ Weaknesses (W)
	Motorenbau	Schmale Produktpalette
Chancen/ Opportunities (O)	SO-Strategien	WO-Strategien
Verschiebung des Kundeninteresses von Sportlichkeit zu Vielseitigkeit, Komfort und Individualität	Ausstieg aus der Formel-1 Touring- und Cabrio-Varianten der M-Baureihe	X1, X3, X5, X6 Mini Countryman Erwerb von Rolls-Royce Motor Cars Ltd.
Bedrohungen (Risiken)/ Threats (T)	ST-Strategien	WT-Strategien
Emissionsvorschriften	Wasserstoffantrieb Erforschung weiterer klimaschonender Antriebsysteme Valvetronic Efficient Dynamics	1er Reihe Mini

Abbildung 58: BMW AG -TOWS-Analyse, Quelle: Macharzina/Wolf (2010, S. 345).

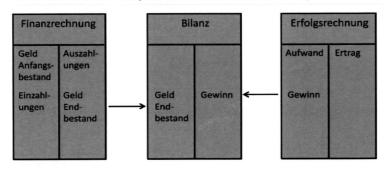

Abbildung 59: Das FBE-System, Quelle: Vgl. Schierenbeck (2003, S. 510) nach Chmielewicz (1982, S. 21ff.).

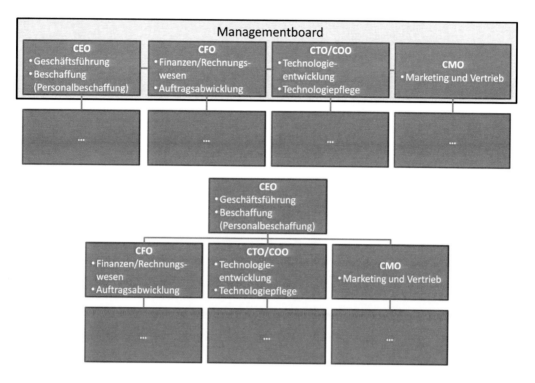

Abbildung 60: Mögliche Darstellungen eines Organigramms, Quelle: eigene Darstellung.

Aufgabenanalyse Marketing und Vertrieb		
Marktforschung	Absatzmöglichkeiten analysieren	
	Konkurrenten analysieren	
Absatzprogrammplanung	Life Cycle untersuchen	
	Substitutionsprodukte ermitteln	
	Sortiment planen	
Absatzmengenplanung	Zeitreihen untersuchen	
	Absatzmengen prognostizieren	
Werbung/Verkaufsförderung	Werbeträger analysieren	
	Werbemaßnahmen konzipieren	
	Werbemaßnahmen durchführen	
Auftragsbearbeitung	Aufträge erfassen	schriftl. Aufträge erfassen
		mündl. Aufträge erfassen
	Aufträge prüfen	Vollständigkeit prüfen
		Bonität prüfen
		Lieferfähigkeit prüfen
	Auftrag bestätigen	
	Rechnung erstellen	
Versand	Versand disponieren	Transportmittel planen
		Versandpapiere erstellen

		Route planen
	Versand durchführen	
Reklamationsbearbeitung		
Vertriebscontrolling	Deckungsbeitragsrechnung durchführen	
	Vertriebsergebnisrechnung durchführen	

Tabelle 7: Beispiel eines Aufgabengliederungsplans, Quelle: Schulte-Zurhausen (2010, S. 41).

Stellenbeschreibung	
Stellenbezeichnung:	Rangstufe:
Ziel der Stelle bzw. Kurzbeschreibung des Aufgabengebietes:	
Stellenbezeichnung der/s direkten Vorgesetzten:	Stelleninhaber/in erhält zusätzlich fachliche Weisungen von:
Stellenbezeichnung und Anzahl der direkt zugeordneten Mitarbeiter/innen:	Stelleninhaber/in gibt zusätzlich fachliche Weisungen an:
Stelleninhaber/in vertritt:	Stelleninhaber/in wird vertreten von:
Spezielle Vollmachten und Berechtigungen, die nicht in einer allgemeinen Regelung festgehalten sind:	
Beschreibung der Tätigkeiten, die die/der Stelleninhaber/in selbstständig durchführt:	
Die dargestellten Tätigkeiten werden – soweit nicht schon geschehen – spätestens nach 12 Monaten seit Einführung der Stellenbeschreibung übernommen.	
Datum, Unterschrift: Stelleninhaber, unmittelbarer Vorgesetzter, nächsthöherer Vorgesetzter, einführende Stelle	
Änderungsvermerke:	

Tabelle 8: Stellenbeschreibung, Quelle: Bröckermann (2007, S. 55) nach Mentzel (2001, S. 40f.).

Anforderungsprofil						
Stelle						
Benennung	Personalentwicklungsreferent/in					
Stellennummer	1234					
Abteilung	Personal					
Qualifikationen						
Ausbildung	Wirtschafts- oder sozialwissenschaftliches Hochschulstudium beziehungsweise gleichwertiges Qualifikationsniveau					
Fortbildung	Ausbildereignung gem. § 2 AEVO					
Berufserfahrung	Im Anschluss an das Studium mindestens 2 Jahre im Personalwesen					
		- -	-	+/-	+	+ +
Fachliche	Planung und Organisation				X	
	Personalführung				X	
	Arbeitspsychologie				X	

Personelle	Betriebspsychologie				X	
	Arbeitsrecht				X	
	Schöpferische Fähigkeit				X	
	Selbstmanagement				X	
Fachlich-methodische	Analytische Fähigkeiten			X		
	Beurteilungsvermögen					X
Sozial-kommunikative	Problemlösungsfähigkeit			X		
	Sprachgewandtheit				X	
	Beziehungsmanagement					X
	Teamfähigkeit					X
Aktivitätsbezogene	Entscheidungsfähigkeit				X	
	Beharrlichkeit				X	
Kompetenzen						

Tabelle 9: Anforderungsprofil mit der Skala: - -, -, +/-, +, + +, Quelle: Bröckermann (2007, S. 59) nach Mentzel (2001, S. 53).

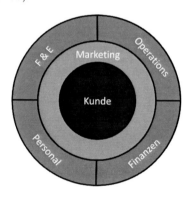

Abbildung 61: Die Rolle des Marketings - Kunde im Mittelpunkt und Marketing als integrative Kraft, Quelle: Vgl. Kotler/Bliemel (2006, S. 43).

	Gesamt	„Reisezeit-minimierer" (30,39 %)	„Preis-sensible" (51,30 %)	„Komfort-orientierte" (18,31 %)
Wichtigkeit (in %):				
Service	10,11	2,93	5,03	45,05
Ausstattung	9,74	4,64	8,64	25,04
Preis	41,20	23,64	60,64	4,82
Zeitaufwand	30,59	64,17	17,10	9,49
Sozialer Nutzen	8,36	4,62	8,59	15,60

Tabelle 10: Nutzenbasierte Zielgruppen im Markt für schienenbezogene Fernverkehrsreisen, Quelle: Meffert, et al. (2012, S. 210).

Anforderung	Kriterien-gruppe	Sozio-demo-graphische	Psychographische		Beobacht-bares
			Persönlich-	Produkt-	

			keitsbe-zogen	bezogen	Verhalten
Kaufver-haltens-relevanz		-	-	+	0
Aussage-kraft für Instrumente		-	-	0	0
Messbarkeit		+	-	-	0
Erreichbar-keit		0	-	-	0
Zeitliche Stabilität		+	+	0	0
Wirtschaft-lichkeit		+	0	-	0

Tabelle 11: Beurteilung der Kriterien zur Marktsegmentierung, Quelle: Scharf et al. (2009, S. 216).

Glossar

Da einige bzw. zahlreiche Begriffe in diesem Buch nicht als allgemein bekannt unterstellt werden könne, befinden sich nachfolgend Erläuterungen zu den wichtigsten Begriffen dieses Buches.

Aufwand	Der Wert aller verbrauchten Leistungen einer Periode.
Benchmarking/Produkt-Benchmarking	Das Benchmarking ist ein systematischer und kontinuierlicher Prozess des Vergleichens von Produkten, Dienstleistungen und Prozessen im eigenen Unternehmen mit denen in fremder in qualitativer und/oder quantitativer Hinsicht. Beim Produkt-Benchmarking wird der Focus auf das Produkt und dessen Attribute wie z.B. Funktion, Kosten, Alleinstellungsmerkmal (USP) etc. gelegt.
Bruttopersonalbedarf	Die Summe aus dem Einsatzbedarf und Reservebedarf.
Buchgeld	Das Buchgeld ist ein Begriff aus dem Rechnungswesen für einen Zahlungsanspruch auf Bargeld, welcher als sofort liquidierbares Bankguthaben oder Kreditlimit (Dispositions- oder Überziehungskredit) auf einem Konto geführt wird.
Cash-to-Cash-Cycle	Der Cash-to-Cash-Cycle ist eine Effizienzkennzahl, welche die Lagerdauer und Umschlagshäufigkeit für Verbindlichkeiten misst. Diese spiegeln wieder wie lange das Geld im Unternehmen gebunden ist. Bei einem Handelsunternehmen dauert z.B. der Cash-to-Cash-Cycle bis zum Verkauf der Ware.
Convenience Goods	Das sind Güter des täglichen Bedarfs ohne großen Beschaffungsaufwand wie z.B. Brot, Süßwaren etc.
Economies of Scale	Die Skaleneffekte/Größenvorteile führen dazu, dass die Stückkosten eines Produktes bei steigender absoluter Menge sinken. Stellt zum Beispiel ein Unternehmen ein Produkt an einer Maschine (Fixkosten) her, dann führt eine Steigerung der absoluten Menge zu sinkenden Stückkosten. Dies ist darauf zurückzuführen, dass die Fixkosten der Maschine auf eine größere Anzahl von Produkten verteilt werden (Fixkostendegression).
Ertrag	Ist der Wert aller erbrachten Leistungen in einer Periode.

EVA (Economic Value Added)	Der EVA ist eine Messgröße aus der Finanzwirtschaft und hilft die Vorteilhaftigkeit einer Investition zu messen. Der EVA gibt eine Nettogröße eines Gewinns nach Abzug der Kapitalkosten für das eingesetzte Gesamtkapital an. EVA = NOPAT – WACC x NOA oder EVA = (ROCE – WACC) x NOA
Geschäftsfeld	Ein anhand der Produkt-/Marktkombination abgegrenzter Markt.
Gewinn	Der Gewinn ergibt sich, wenn der Aufwand vom Ertrag abgezogen wird.
Inkubator	Der Inkubator ist eine Institution, welche den Gründern durch Unterstützungsmaßnahmen (wie z.B. Beratung und Coaching, Zurverfügungstellung von Infrastruktur, Übernahme von administrativen Aufgaben, Zugang zu Kontaktnetzwerken etc.) bei der Gründung eines Unternehmens hilft.
Käufermarkt	Ein Angebotsüberschuss führt zu sinkenden Preise. Dieser Angebotsüberschuss ist entweder auf ein steigendes Angebot bei einer konstanten Nachfrage oder auf eine sinkende Nachfrage bei einem konstanten Angebot zurückzuführen.
Kodifizierbares Wissen (migratory knowledge)	Dieses wissen ist an einen Mitarbeiter gebunden und lässt sich über formale Informationskanäle wie z.B. Regeln, Gesetze, Vorschriften etc. übertragen.
Lern- und Erfahrungseffekte	Der Lern- und Erfahrungseffekt beschreibt die Chance aufgrund wiederholter Durchführung eines beherrschbaren Prozesses den für die Anwendung nötigen Ressourcenverbrauch durch die zugewonnene Erfahrung zu senken.
Makroumwelt	Die Makroumwelt stellt die volkswirtschaftliche Umwelt dar. Diese besteht aus dem Arbeitsmarkt, Geldmarkt etc.
Management by Objectives	Das Management by Objectives ist eine Form der Unternehmensführung bei der die Ziele den verantwortlichen Mitarbeitern zugeordnet werden und diese meistens einen erfolgsabhängigen Gehaltsanteil für die Erreichung dieser Ziele erhalten. Weiterführende Information unter:

	http://de.wikipedia.org/wiki/Management_by_Objectives.
Markteintrittsbarrieren	Die Markteintrittsbarrieren sind Kräfte die Unternehmen, welche außerhalb des Geschäftsfeldes stehen, davon abhalten in das jeweilige Geschäftsfeld einzutreten.
Mikroumwelt	Die Mikroumwelt stellt die Unternehmensumwelt dar. Diese besteht aus dem Unternehmen selbst und seinen Stakeholdern wie z.B. Nachfrager, Konkurrenz, Kapitalgeber etc.
Mission	Die Mission formuliert das Leitbild gegenüber der Öffentlichkeit bzw. unsere Darstellung des Unternehmens gegenüber den Kunden und den potenziellen Kunden.
Nettopersonalbedarf	Dieser ergibt sich aus dem Bruttopersonalbedarf abzüglich des zukünftigen Ist-Personalbestandes.
Nicht kodifizierbares Wissen (tacit knowledge)	Dieses Wissen ist an einen Mitarbeiter gebunden und lässt sich nicht über formale Informationskanäle wie z.B. Regeln, Gesetze, Vorschriften etc. übertragen.
NOA (Net Operating Assets)	Der NOA ist das investierte Kapital bzw. die betriebsnotwendigen Vermögensgegenstände.
NOPAT (Net operating Profit after Taxes)	Der NOPAT gibt den operativen Gewinn nach Steuern wieder.
Organisatorische Kongruenzprinzip	Die gleichmäßige Verteilung von Aufgabe, Verantwortung und Kompetenz auf eine Stelle.
PESTEL-Analyse	Bildet die Analyse der Umweltsegmente „politisch-rechtlich (P)", „ökonomisch (E)", „soziokulturell (S)", „technologisch (T)" und „ökologisch (EL)".
Produktivität	Ergibt sich, wenn Output durch den Input dividiert wird.
Produktlebenszyklus	Beim Produktlebenszyklus wird die Lebensdauer von der Entwicklung über die Markteinführung bis zur Herausnahme des Produktes aus dem Markt beschrieben. Hierbei werden meistens vier Phasen unterschieden. Die Phasen sind Entwicklung und Einführung, Wachstum, Reife (Sättigung) und Degeneration (Schrumpfung).
Reinvermögensänderung	Eine Reinvermögensänderung (Eigenkapitaländerung) ergibt sich aus dem Anlage- und Umlaufvermögen abzüglich der Schulden.
Relevanter Markt	Ist ein Synonym für Geschäftsfeld. Der Begriff wird im Mar-

	ketingbereich verwendet.
Rentabilität	Ist ein Maß zur Erfolgsmessung von Unternehmen. Eigenkapitalrentabilität = Gewinn/Eigenkapital x 100 Gesamtkapitalrentabilität = Gewinn + Fremdkapitalzins/Gesamtkapital x 100
Return on Capital Employed (ROCE)	Der ROCE ist eine in angelsächsischen Ländern oft benutzte Kennzahl. Sie setzt den Gewinn vor Zinsen und Steuern zum dem eingesetzten (langfristigen) Kapital in Beziehung. ROCE = EBIT/(Gesamtkapital − kurzfristige Verbindlichkeiten − liquide Mittel)
Seed-Phase	Die Seed-Phase ist der erste Abschnitt eines Lebenszyklus, welcher im Bereich der Unternehmensfinanzierung benutzt wird. Dieses Lebenszyklusmodell ist an die Besonderheiten der Finanzierung angepasst. Die Phase beginnt mit den ersten Tätigkeiten eines Gründers, wobei der Startpunkt durch kein bestimmtes Ereignis definiert ist und endet meistens mit der Hervorbringung eines vermarktbaren Produktes bzw. einer vermarktbaren Dienstleistung in Form eines Prototyps.
Sekundärforschung	Die Sekundärforschung greift auf bereits bestehende Informationsquellen wie Marktforschungen, Statistiken etc. zu.
Shopping Goods	Erklärungsbedürftige Güter mit sorgfältiger Abwägung der Produktvor- und −nachteile durch z.B. Preis- und Qualitätsvergleiche in mehreren Einkaufsstätten wie z.B. Möbel, modische Kleidung etc.
Speciality Goods	Dies sind höherwertige, teure Güter mit einem großem Beschaffungsaufwand (Lesen von Spezialliteratur, Fahrt zu Fachgeschäften etc.) wie z.B. Fotoausrüstung, Weltreise etc.
Stakeholder	Dies sind Anspruchsgruppen innerhalb und außerhalb des Unternehmens. Die unternehmensinternen Anspruchsgruppen sind: Anteilseigner (Shareholder), Mitarbeiter, Management. Die unternehmensexternen Anspruchsgruppen sind: Lieferanten, Kunden, Fremdkapitalgebe, Staat, Öf-

	fentlichkeit, etc.
Strategien	Die Strategien eines Unternehmens sind die Wege, welche zum Ziel (der Vision) führen. Diese können auch als Maßnahmen bezeichnet werden.
Substitutionsgefahr	Die Substitutionsgefahr ist die Gefahr, welche durch Substitutionsprodukte (Ersatzprodukte) anderer Märkte ausgelöst wird.
Überschuldung	Eine Überschuldung liegt vor, wenn die Schulden das Vermögen übersteigen. Dies führt dazu, dass das Eigenkapital negativ ist bzw. auf der Aktivseite ausgewiesen wird. Siehe hierzu auch § 19 Abs. 2 InsO.
Umsysteme	Die Umsysteme eines Unternehmens sind Gebilde, welche in Relation zum Unternehmen stehen. Hierbei können auch gewisse Stakeholder als Umsysteme definiert werden wie z.B. Kunden, Lieferanten etc.
Unternehmung	Die Unternehmung ist ein privatwirtschaftlicher Betrieb (Synonym für Unternehmen).
Verkäufermarkt	Im Gegensatz zum Käufermarkt liegt bei einem Verkäufermarkt ein Angebotsdefizit vor, welches zu steigenden Preisen führt. Dieses Defizit ist entweder auf ein sinkendes Angebot bei konstanter Nachfrage oder auf eine steigende Nachfrage bei konstantem Angebot zurückzuführen.
Vision	Die Vision vermittelt den Mitarbeitern die langfristigen Unternehmensziele und beschreibt ein mehr oder weniger konkretes Zukunftsbild des Unternehmens.
WACC (Weighted Average Cost of Capital)	Der WACC gibt den durchschnittlich gewichteten Zins aus Fremd- und Eigenkapitalkosten an.
Wirtschaftlichkeit	Die Wirtschaftlichkeit wird ermittelt indem der Ertrag durch den Aufwand dividiert wird.

Literaturverzeichnis

Ansoff, H. et al. (1988):

The New Corporate Strategy, New York.

Bea, F. X./Haas, J. (2005):

Strategisches Management, 4. Auflage, Stuttgart.

Bleichert, K. (1991):

Organisation – Strategien, Strukturen, Kulturen, 2. Auflage, Wiesbaden.

Bröckermann, R. (2007):

Personalwirtschaft – Lehr- und Übungsbuch für Human Ressource Management, 4. Auflage, Stuttgart.

Chmielewicz, K. (1982):

Betriebliches Rechnungswesen, 3. Auflage, Opladen.

Cristea, A. (2010):

Planen, gründen, wachsen – Mit dem professionellen Businessplan zum Erfolg, 5. Auflage, Heidelberg.

Friedag, H./Schmidt, W. (2000):

Balanced Scorecard – Mehr als ein Kennzahlensystem, 2. Auflage, Freiburg.

Haberstock, L. (2007):

Kostenrechnung, 10. Auflage, Berlin.

Hammel, G./Prahalad, C. K. (1997):

Wettlauf um die Zukunft – Wie Sie mit bahnbrechenden Strategien die Kontrolle über Ihre Branche gewinnen und die Märkte von morgen schaffen, Wien.

Hammer, R. M. (1998):

Unternehmensplanung – Lehrbuch der Planung und strategischen Unternehmensführung, 7. Auflage, München/Wien.

Hirzel, J. et al. (2012):

Das neue Hauptstadt-Gefühl – Die Hartz-IV-Hochburg Berlin wandelt sich zu einer Internet-Metropole, in: Focus, 08/12 vom 18.12.2012, S. 1027 - 107.

Institut der Unternehmensberater IdU im Bundesverband Deutscher Unternehmensberater e.V. (2009):

Grundsätze ordnungsmäßiger Planung (GOP) – Leitfaden des Instituts der Unternehmensberater IdU im BDU, 3. Auflage, Bonn.

Jung, H. (2010):

Allgemeine Betriebswirtschaftslehre, 12. Auflage, München.

Jung, H. (2011):

Personalwirtschaft, 9. Auflage, München.

Kaplan, R./Norton, D. P. (1997):

Balanced Scorecard – Strategien erfolgreich umsetzen, Stuttgart.

Kollmann, T. (2007):

Online-Marketing – Grundlagen der Absatzpolitik in der Net Economy, Stuttgart.

Kotler, P./Bliemel, F. (2006):

Marketing-Management – Analyse, Planung und Verwirklichung, 10. Auflage, München/Boston.

Krüger, W. (1997):

Kernkompetenz-Management – Steigerung von Flexibilität und Schlagkraft im Wettbewerb, Wiesbaden.

Macharzina, K./Wolf, J. (2010):

Unternehmensführung – Das internationale Managementwissen, 7. Auflage, Wiesbaden.

Meffert, H. et al. (2012):

Marketing – Grundlagen marktorientierter Unternehmensführung, 11. Auflage, Wiesbaden.

Mentzel, W. (2001):

Personalentwicklung – Erfolgreich motivieren, fördern und weiterbilden, 1. Auflage, München.

Olfert, K. (2010):

Kostenrechnung, 16. Auflage, Herne.

Olfert, K./Steinbuch, P. A. (2003):

Organisation, 13. Auflage, München.

Perridon, L./Steiner, M. (1999):

Finanzwirtschaft der Unternehmung, 10. Auflage, München.

Porter, M. E. (1999):

Wettbewerbsstrategien – Methoden zur Analyse von Branchen und Konkurrenten, 10. Auflage, Frankfurt/Main.

Porter, M. E. (1999):

Wettbewerbsvorteile – Spitzenleistungen erreichen und behaupten, 5. Auflage, Frankfurt/Main, New York.

Ripsas, S. et al. (2008):

Der Businessplan als Instrument der Gründungsplanung – Möglichkeiten und Grenzen, Paper No. 43, 12/2008, Berlin.

Scharf, A. et al. (2009):

Marketing – Einführung in Theorie und Praxis, 4. Auflage, Stuttgart.

Schierenbeck, H. (2003):

Grundzüge der Betriebswirtschaftslehre, 16. Auflage, München.

Schreyögg, G. (2008):

Organisation – Grundlagen moderner Organisationsgestaltung, 5. Auflage, Wiesbaden.

Schulte-Zurhausen, M. (2010):

Organisation, 5. Auflage, München.

Steinmann, H./Schreyögg, G. (2005):

Management – Grundlagen der Unternehmensführung, 6. Auflage, Wiesbaden.

Thommen, J.-P./Achleitner, A.-K. (2009):

Allgemeine Betriebswirtschaftslehre, 6. Auflage, Wiesbaden.

Ulrich, P./Fluri, E. (1995):

Management – Eine konzentrierte Einführung, 7. Auflage, Bern.

Vahs, D. (2009):

Organisation – Ein Lehr- und Managementbuch, 7. Auflage, Stuttgart.

Weber, J./Weißenberger, B. E. (2006):

Einführung in das Rechnungswesen – Bilanzierung und Kostenrechnung, 7. Auflage, Stuttgart.

Weitnauer, W. (2011):

Handbuch Venture Capital – Von der Innovation zum Börsengang, 4. Auflage, München.

Welge, M./Al-Laham, A. (2003):

Strategisches Management – Grundlagen, Prozess, Implementierung, 4. Auflage, Wiesbaden.

Wild, J. (1982):

Grundlagen der Unternehmensplanung, 4. Auflage, Opladen.

Wöhe, G./Döring, U. (2010):

Einführung in die allgemeine Betriebswirtschaftslehre, 24. Auflage, München.